W0366841

Fundraising-Grundlagen

Edition
Fundraiser

Fundraising-Grundlagen

Wie Sie Freunde und Spenden für Ihre Gute Sache gewinnen

Von Jan Uekermann

Edition
Fundraiser

Bibliografische Information der Deutschen Nationalbibliothek
Die Deutsche Nationalbibliothek verzeichnet diese Publikation in der Deutschen Nationalbibliografie; detaillierte bibliografische Daten sind im Internet über http://dnb.d-nb.de abrufbar.

1. Auflage

ISBN: 978-3-9813794-0-2

Fundraiser-Magazin GbR
Lockwitztalstraße 20
01259 Dresden
www.fundraiser-magazin.de

Layout und Satz: Udo Lehner
Umschlaggestaltung: Daniela Münster
Zeichnungen: Friedhelm Feldkamp
Lektorat: Caroline Gutberlet
Druck und Bindung: Druckhaus Köthen GmbH

Dieses Buch ist allen Frauen und Männern gewidmet,
die sich als Ehrenamtliche oder Vorstände in
Vereinen, Gemeinden und Organisationen
unermüdlich für eine bessere Welt engagieren.

Danke!

Dank der Unterstützung von vielen Menschen wurde es möglich, dass Sie dieses Buch in Ihren Händen halten können. Dazu gehören Menschen, die auf meinem bisherigen Fundraising-Weg sehr wichtig waren als Lehrer und Vorbilder oder mich in besonderer Weise für das Fundraising inspiriert haben. Padre William Wasson, Stefan Gräfe und Lothar Schulz, danke, dass aus meinem Beruf eine Berufung für mich werden konnte.

Für eine direkte Mitarbeit und Unterstützung am Buch danke ich Caroline Gutberlet, Dr. Christoph Müllerleile, Dr. Jens Watenphul, Thomas Kempf, Friedhelm Feldkamp und für das Geleitwort Dr. Thomas Kreuzer. Für die partnerschaftliche Umsetzung des Buches danke ich Matthias Daberstiel, Udo Lehner und dem gesamten Team des Fundraiser-Magazins.

Patricia Laurent, Dir danke ich für Deine Unterstützung auf allen Ebenen, für Deine Beratung, Dein Durchhaltevermögen und Dein großes Verständnis für die vielen Stunden, die ich vor meinem Computer verbringen musste. TK, DJ

Und ich danke meinen Eltern, ganz speziell für ihr Vertrauen und ihren Glauben an meine Geschwister und mich.

Inhalt

1. Zu Beginn

Es ist die wichtigste Kunst des Lehrers,

die Freude am Schaffen und Erkennen zu wecken.

– Albert Einstein –

1.1 An alle Leserinnen und Leser

Sie setzen sich für Projekte ein und helfen damit benachteiligten Menschen, hilflosen Kindern, bedrohten Tieren, baufälligen Denkmälern. Sie retten eine bestimmte Froschart, begeistern Jugendliche fürs Trompetespielen, kümmern sich um Patienten mit einer seltenen Krankheit oder suchen Stipendien für junge Wissenschaftler. Diese Arbeit machen Sie vielleicht sogar ehrenamtlich – das ehrt Sie in doppelter Hinsicht!

Sie erhalten bestimmt ab und zu Spenden, aber gerade in wirtschaftlich schlechten Zeiten merken auch Sie: Das Geld ist knapp. Sie stellen fest, dass es gut wäre, jemanden zu haben, der oder die sich um eine unabhängige Finanzierung kümmert. Eine Person, die Verantwortung dafür übernimmt, dass mit einem planbaren Spendenaufkommen gearbeitet werden kann und die zufälligen Spenden der Vergangenheit angehören. Aber: Suchen Sie eine Person, die betteln geht?

Wenn dem so ist, sind Sie in diesem Buch falsch. Wenn Sie allerdings eine Person suchen, die sich darum kümmert, *Freunde* und Spenden für Ihre Gute Sache zu finden, dann sind Sie hier richtig. Für diese herausfordernde Aufgabe übernehmen wir in Deutschland ein Wort aus der englischen Sprache: Fundraising.

Mit diesem Buch möchte ich Sie für Beziehungen mit Menschen begeistern, die mit Ihnen Verantwortung für Ihre Projekte übernehmen. Ich werde Ihnen aufzeigen, wie Ihre Einstellung zum Fundraising sein kann und wie Sie die Zurückhaltung oder gar Angst vor der direkten Bitte um Unterstützung ablegen können. Es kann nämlich eine wahre Freude sein, mit Menschen zusammenzuarbeiten, die mit Ihnen diese Welt zu einer besseren machen möchten – und genau das ist die Aufgabe von uns Fundraisern.

Ohne Vorstände und viele Ehrenamtliche gäbe es keine Vereine, Hilfsorganisationen, Stiftungen. Vermutlich gehören Sie zu den Menschen, die ihre Aufgaben sehr ernst nehmen und verantwortlich damit umgehen, und Sie schauen sogar über den Tellerrand hinaus. Sie könnten Ihre Aufgaben natürlich ebenso gut schleifen lassen und miserabel erledigen, schließlich zwingt Sie keiner zu etwas. Aber Sie haben sich entschlossen, dieses Buch zu lesen und sich im Fundraising weiter zu bilden. Das ist sehr gut und zeigt, dass Sie auf dem richtigen Weg sind.

Aber Achtung: Ich warne Sie! Nach der Lektüre dieses Buches werden Sie vermutlich hoch motiviert sein, sich tiefgehend mit Fundraising zu beschäftigen. Sie werden darüber nachdenken, wie Sie Fundraising implementieren oder das Bestehende weiterentwickeln können.

Dabei wünsche ich Ihnen von ganzem Herzen bestes Gelingen!

Alles Gute,
Ihr
Jan Uekermann

1.2 Geleitwort

Fundraising ist in Deutschland zu einem konstitutiven Bestandteil in der Finanzierung von vielen Non-Profit-Organisationen geworden. Seit gut zehn Jahren entwickelt sich die Fundraising-Branche in Deutschland nahezu galoppierend; auch bei kleinen und regional aufgestellten Organisationen, die ins Fundraising einsteigen, sehen wir beachtliche Erfolge. Nahezu alle gemeinnützigen Organisationen, ja der Dritte Sektor insgesamt befinden sich in einem Umstrukturierungsprozess, der mit einer zunehmenden und anhaltenden Professionalisierung des Fundraisings in den Organisationen einhergeht, was auch mit dem Einrichten neuer Fundraising-Stellen in den Organisationen verbunden ist. Und dieser Trend verstetigt sich kontinuierlich.

Einen wichtigen Punkt, den Jan Uekermann in diesem Buch in den Blick nimmt, ist die Frage der Einbindung von Vorständen ins Fundraising. Viele ehrenamtliche Vorstände und Kuratoren arbeiten mit stark aufgeladenen normativen, teils idealistischen Grundsätzen in den Organisationen und geben ihnen eine wichtige inhaltliche Ausrichtung mit auf den Weg. Zugleich aber wird es immer wichtiger, auch Fundraising und Marketing-Know-how als Steuerungswissen in die Leitungsgremien von Geschäftsführung und Vorstand präsent zu halten. In der Literatur wird zwar schon seit über zehn Jahren darauf hingewiesen, dass Fundraising eine strategische Leitungsaufgabe darstellt und mehr ist als ein einzelner Baustein in der Organisation. Doch im Bewusstsein von Führung und Leitung der Organisationen kommt dies erst nach und nach an.

In der Fundraising-Branche hat sich dafür der Begriff der *Institutional Readiness* („organisatorische Bereitschaft") herausgebildet, um den holistischen Ansatz zu bedenken, bei dem das Gesamt der Organisation in den Blick genommen werden muss. Jan Uekermann erweist sich in diesem Teil seines Buches als genuiner Nachfolger von Lothar Schulz, einem szenebekannten Fundraising-Experten aus Leidenschaft, der dies seit vierzig Jahren betreibt und lehrt.

Bei der Fundraising Akademie stellen wir gegenwärtig einen erhöhten Bedarf an Workshops fest, in denen Geschäftsführung und (ehrenamtliche) Vorstände und Kuratoren grundlegend im Steuerungswissen von Fundraising und Marketing geschult werden. Dass immer mehr Organisationen diese spezifischen Workshops für Leitungsgremien anfragen, ist für das gesamte Fundraising in Deutschland ein wichtiger Schritt. Denn durch diese Nachfrage wird dokumentiert, dass das Fundraising dort angekommen ist, wo es hingehört: nämlich auf der Leitungsebene gemeinnütziger Organisationen. Zugleich ist allerdings festzuhalten, dass es auf Leitungsebene nicht um die Konkretionen des operativen Geschäfts gehen kann; hier wird gesteuert. Auf Leitungsebene geht es nicht um Text und Gestaltung von Mailings, die Ausführung und auch Verantwortung dieser Leistungen sollte man denen überlassen, die sich damit auskennen. Vielmehr geht es auf Leitungsebene um die Steuerung der Organisation und damit auch um die Zielsetzung der Fundraising-Aktivitäten insgesamt. Wir haben es also auf Leitungsebene mit der Ausrichtung und mit dem Profil der Organisation als Ganzes zu tun.

Die zunehmende Professionalisierung des Fundraisings in den Organisationen hat auch zur Folge, dass immer mehr Mitarbeiterinnen und Mitarbeiter ausgebildet werden, um die anstehenden Umsteuerungen in den Dritte-Sektor-Organisationen solide und nachhaltig zu begleiten. Aus diesem Grunde lässt sich behaupten, dass wir es gegenwärtig im Fundraising noch immer mit einer Boom-Branche zu tun haben. Nach unserer Wahrnehmung ist auch kein Ende dieses Trends abzusehen – im Gegenteil: die anhaltende Professionalisierung der Organisationen im Fundraising wird uns die kommenden Jahre weiter begleiten.

Aufs Ganze gesehen ist das Fundraising in Deutschland also auf einem guten Weg, sich nachhaltig in den Strukturen der Organisationen zu etablieren. Auch die Daten zum Spendenmarkt in Deutschland unterstützen diese Wahrnehmung, dass Fundraising weiter im Trend ist.

Jetzt geht es darum, die Erfolge zu bestätigen. Denn für alle Fundraising-Kampagnen wird auch künftig gelten, dass nachhaltige Erfolge ohne interne Bereitschaft, ohne solide Planung, ohne professionelles Wissen und ohne die richtige Rückendeckung kaum möglich sein werden. Deshalb ist es so wichtig, das Fundraising – wie Jan Uekermann es tut – in den Organisationen dort zu positionieren, wo es hingehört: auf die Ebene von Geschäftsführung und Vorstand. Und darum wurde es Zeit, dass das Buch von Jan Uekermann auf den Markt kommt.

Ich wünsche Ihnen viel Freude bei der Lektüre!
Dr. Thomas Kreuzer
Leiter der Fundraising Akademie, Frankfurt am Main
August 2010

1.3 Sprache

Bevor wir uns dem Fundraising widmen, bitte ich Sie um kurze Aufmerksamkeit bezüglich der genutzten Sprache – in diesem Buch wie auch in unserem Arbeitsalltag.

Sprache und Kommunikation – schriftlich wie auch mündlich – sind elementar wichtig für unsere Arbeit. Fundraiser, die Gelder für Projekte akquirieren, die schwer anzufassen oder zu besuchen sind, müssen ihren Spenderinnen und Spendern oftmals ausschließlich mit Bildern und Worten den erfolgreichen Einsatz der Gelder veranschaulichen. Dabei ist es besonders wichtig, eine bildhafte, direkte und positiv behaftete Sprache zu verwenden. Das Gleiche gilt allerdings für welchen Einsatz unserer Sprache auch immer.

In diesem Zusammenhang möchte ich mit Ihnen gerne einige sprachliche Vereinbarungen treffen, die Sie hoffentlich – wenigstens im Rahmen dieses Buches – annehmen. Diese sind:

1. **Fundraiser sind Fundraiser:** Viel zu oft werden wir von der Öffentlichkeit noch als „Spendensammler" bezeichnet. Wir alle haben in dieser Hinsicht die Aufgabe, das englische Wort Fundraising in unseren deutschen Sprachgebrauch zu integrieren. Fundraiser ist kein staatlich anerkannter Beruf, doch es gibt viele tausende professionelle Fundraiser. Was Fundraiser sind und machen, werden Sie nach diesem Buch beantworten können. Eines tun sie aber nur sehr selten: herumgehen und Spenden einsammeln.

2. **Herausforderungen oder Probleme:** Wir haben täglich mit vielen Herausforderungen zu tun, die gemeistert werden wollen. Es gibt allerdings auch Menschen, die davon sprechen, dass sie täglich mit Problemen zu tun haben. Letztendlich sprechen beide vom Gleichen: Wir brauchen Summe X, um Projekt Y durchzuführen. Das ist aber kein Problem, sondern eine Herausforderung, der wir uns gerne stellen! Die Gegenüberstellung der Wörter *Problem* und *Herausforderung* macht sehr schön sichtbar, ob wir Wörter nutzen, die auf Positives hinwirken, oder eben solche, die auf Negatives abzielen.

3. **Konkurrenz oder Mitbewerber:** Im Spendenmarketing gibt es natürlich keine Konkurrenz. Alle Organisationen (die schwarzen Schafe ausgenommen!) setzen sich für eine Gute Sache ein und tragen somit dazu bei, diese Welt ein Stückchen besser zu machen. Bestärken Sie also potenzielle Spenderinnen und Spender, die Ihnen erzählen, dass sie bereits viele andere Organisationen unterstützen. Denn das ist wunderbar! Jeder Mensch – also fast jeder –, der sich finanziell für eine Gute Sache einsetzt, ist wunderbar und gehört in ihrem oder seinem philanthropischen Handeln bestärkt.

Des weiteren gibt es Wörter in unserer deutschen Sprache, die gelöscht beziehungsweise in der Ansprache von Spendern nur in Ausnahmesituationen benutzt werden sollten.

4. **Nicht:** Das kleine *nicht* gehört dazu! Schreiben Sie Sätze um wie zum Beispiel „Mit einer Spende von 50 Euro kann nicht nur Maria zur Schule

gehen, sondern auch ihre kleine Schwester." Stattdessen schreiben (oder sagen!) Sie: „Mit Ihrer Spende von 50 Euro können Maria und sogar ihre Schwester einen Monat zur Schule gehen!" Sehr gerne wird das *nicht* auch an folgender Stelle benutzt: „Das ist gar nicht schlecht" – und oftmals möchten wir eigentlich sagen: „Das ist gut!" Merken Sie sich also: Nicht nicht sagen!

5. **Man:** Das Wörtchen *man* ist ebenfalls überflüssig! Wir benutzen es gerne, wenn wir uns unspezifisch ausdrücken wollen. Doch es gibt (fast) immer die Möglichkeit, die betreffenden Personen zu benennen: Herr Meier, wir im Vorstand, Frau Hut, die Kinder, wer auch immer. Man ersetzt das Wörtchen *man* stets durch die direkte Benennung der Person/en. Also: *Sie* beziehungsweise *wir* ersetzen *man* in 95 Prozent aller Fälle durch die direkte Benennung der Person/en! Nur in den Fällen, wo wir ganz bewusst unpersönlich bleiben wollen, nutzen wir das Wörtchen man.

Es könnte noch viel mehr über Sprache und Fundraising geschrieben werden. So werden Sie zum Beispiel immer mal wieder mit englischen Begriffen in diesem Buch konfrontiert werden. Diese erläutere ich dann im jeweiligen Kontext – und stelle sie Ihnen auch deshalb vor, um Sie mit einigen Fachbegriffen vertraut zu machen.

Übrigens möchte ich Ihnen einen Meister der sehr verständlichen Sprache dringend ans Herz legen: Wolf Schneider. Lesen Sie zum Beispiel sein Buch „Deutsch fürs Leben – Was die Schule zu lehren vergaß". Es ist großartig und wird Ihre genutzte Sprache verändern – zum Positiven!

Genug zum sprachlichen Gebrauch. Jetzt noch eine Klarstellung: Ich nutze in diesem Buch öfter die männliche Form, um Fundraiserinnen und Fundraiser, Spenderinnen und Spender, Vorstände und Ehrenamtliche zu personifizieren. Dies mache ich aus dem Grund des besseren Leseflusses. Wir wissen, dass der Großteil der Spendenden weiblich ist, wir wissen, dass der Großteil der ehrenamtlich Aktiven weiblich ist – und doch sind die Wörter des männlichen Geschlechts in der deutschen Sprache kürzer und meines Erachtens angenehmer für den Lesefluss. Vielen Dank für Ihr Verständnis, liebe Leserinnen!

Widmen wir uns nun also voll und ganz dem Fundraising und beginnen wir am Anfang.

1.4 Warum Fundraising starten?

Der Dachverband musste die Mittel kürzen, die Mitgliederzahlen gehen zurück, die öffentlichen Zuschüsse werden stark beschnitten und Spenden kommen immer unregelmäßiger. Der Vorstand trifft sich mit weiteren, engagierten Ehrenamtlichen zur Krisensitzung. „Wir müssen das Projekt nun endlich zu Ende bringen", sagt der Erste Vorsitzende. Neben ihm sitzt der Kassenwart, vor sich einen Block Papier und in der Hand einen frisch gespitzten Bleistift. Zum wiederholten Male hat er die Finanzlage durchgerechnet und kommt immer zum gleichen Ergebnis: „Dafür fehlen uns aber noch rund 50 000 Euro."

Szenenwechsel: In einem Raum steht ein runder Tisch, daran sitzen vier Männer und zwei Frauen. Einer von ihnen gestikuliert viel und gibt schwer verständliche Laute von sich. Alle schauen ihn an, aber nur einer von ihnen versteht nicht. Doch für ihn gibt es eine Dolmetscherin. Sie übersetzt ihm die Gebärdensprache. Und schnell wird klar: der Gehörlosenverein steht vor großen Herausforderungen! Das Vereinsheim muss dringend renoviert werden und dafür wird noch viel Geld gebraucht. Die Dolmetscherin übersetzt weiter: „Da habe ich den Tipp bekommen, Sie zu fragen, ob Sie helfen könnten, denn Sie sind wohl Faunträiser und wüssten, wie wir Spenden bekommen können."

Spendendose, Kollekte und andere Möglichkeiten, um Geld für eine Gute Sache zu bekommen, haben lange Tradition in Deutschland. Doch die Finanzierung richtig großer Projekte wird immer schwieriger. Verantwortliche in Vereinen, Gemeinden und Organisationen erkennen daher: Wir müssen die bisherigen

Praktiken professionalisieren! Und das beginnt schon hier: Menschen, die bisher nur etwas in die Spendendose warfen, tragen sich in eine Adressliste ein. Beim Tag der offenen Tür machen wir eine Verlosung, auf den Teilnahmescheinen bitten wir um die Adresse. Wir nutzen jede Gelegenheit, unseren Freundeskreis für die Gute Sache zu vergrößern, und mit diesen Menschen bauen wir Beziehungen auf. Das sind die Kernelemente des Fundraisings.

Wir starten mit dem Fundraising, damit wir Verantwortung auf viele Schultern verteilen, gemeinsam an einem Strang ziehen, um sehr gute Projekte zu realisieren. Wir starten mit dem Fundraising, damit wir bei Menschen den Wunsch wecken, helfen zu wollen, und sie dafür gewinnen, uns ihr Geld anzuvertrauen, um es gemeinsam für die Gute Sache einzusetzen. Wir starten mit dem Fundraising, damit wir den Menschen zeigen, was durch ihre guten Taten möglich wird, und dadurch andere motivieren, Gleiches zu tun. Wir starten mit dem Fundraising, damit in Zukunft die Finanzierung über Dritte zu einem wichtigen Standbein wird.

Aus diesen Gründen starten wir Fundraising. Aber was genau verstehen wir eigentlich unter Fundraising?

2. Fundraising richtig verstehen

Jede Philosophie verbirgt auch eine Philosophie;
jede Meinung ist auch ein Versteck,
jedes Wort auch eine Maske.

– Friedrich Nietzsche –

2.1 Über Ackerbau

Beginnen wir mit folgendem Versuch, um Fundraising zu verstehen: Wir vergleichen es mit dem Ackerbau.

Stellen Sie sich ein großes Stück Land vor, das brach vor Ihnen liegt. Der Boden ist uneben und fest, stellenweise sprießt das Unkraut. In der Hand halten Sie einen Sack voll Samen, die in die Erde wollen. Bevor Sie allerdings säen können, muss der Acker bestellt werden. Sie graben den Boden um, entfernen das Unkraut, machen alles bereit für die Aussaat. Nach erfolgter Arbeit kann die Erde nun bereitwillig die Samen empfangen – und *Sie* wissen: jetzt geht die Arbeit erst richtig los! Sie wässern regelmäßig, und nach einigen Tagen können Sie vielleicht schon erste kleine Sprösslinge hegen und pflegen. Wochen oder Monate später – manchmal sogar erst Jahre – hat der kleine Samen mit Ihrer Unterstützung ein beachtliches Naturwunder vollbracht: Er ist vom Sprössling gereift zu einer Pflanze, die uns schmackhafte Früchte oder gesundes Gemüse schenkt. Es ist Erntezeit.

Genau diesem Bild folgt das Fundraising!

Fundraising zu starten bedeutet auch eine zeitliche Investition. Aber bitte: behalten Sie Ihren Mut! Erfolge werden Sie auch in dieser Aufbauphase erleben. Es geht wie in unserem Beispiel zu: Sie leisten Vorarbeiten auf dem Feld (und sehen den Erfolg), Sie investieren Zeit, um Samen zu säen und Pflanzen zu wässern (und können Erfolge verfolgen). Diese Arbeit und die damit verbundenen Mühen – aber auch die Freuden – verlangen Ihnen das Fundraising ab.

Übrigens: Es macht mehr Spaß und ist weniger Arbeit für jeden Einzelnen, wenn Sie von Anfang an in einem Team daran arbeiten, das Feld zu bestellen, beziehungsweise das Fundraising angehen, implementieren und umsetzen.

2.2 Freude am Geben lehren

Eine Definition des Fundraisings, die besonders berührt und deutlich macht, worauf es ankommt, stammt von Henry A. Rosso. Für den Gründer der Fundraising School (Universität in Indianapolis/USA) ist Fundraising „the gentle art of teaching the joy of giving" – die schöne Kunst, Freude am Geben zu lehren.

Es kommt also in erster Linie auf Freude an!

Fundraiser gehen Beziehungen mit Menschen ein, die unterschiedlichste Motivationen haben, warum sie geben. In Gesprächen mit ihnen lässt sich oft heraushören: „Ich gebe gerne" – auch wenn viele von ihnen gar nicht viel haben. Die Menschen, ganz gleich ob mit großen oder kleinen Spenden, haben oftmals Freude daran, unsere Projekte zu unterstützen.

Diese Freude wird allen Menschen zugänglich gemacht und veranschaulicht. Spenderinnen und Spender sind (in den meisten Fällen) gute Vorbilder – und *die* brauchen wir in unserer Welt.

Gutes Tun und darüber reden – das ist in Deutschland noch immer zu sehr verpönt, denn es mag sich ja niemand in den Mittelpunkt stellen oder lässt sich gerne für sein soziales Engagement feiern. Doch genau dafür werben Vorstände und Fundraiser – ja, alle Menschen, die es eben so sehen: Gutes Tun und darüber reden! Damit wir von noch mehr positiven Vorbildern in dieser Welt hören.

2.3 Seien Sie stolz!

Schämen Sie sich, um Unterstützung und Geld für Ihre Gute Sache zu bitten? Nein? Das ist gut. Denn Sie haben nun wirklich das beste Projekt, in das es sich zu investieren lohnt. Darum: Seien Sie stolz, dass Sie sich für dieses Projekt engagieren dürfen und dazu beitragen, dass diese Welt eine bessere wird.

In den USA sind Fundraiser als Finanzberater für gute Investitionen anerkannt. Sie werden zurate gezogen, wenn das Bedürfnis nach einer besseren Welt der Geldvermehrung weicht. Dann wird professionell darüber gesprochen und verhandelt, mit welcher Investition was erreicht werden kann.
Seien Sie sich klar darüber: Wir Fundraiser betteln nie um Geld! Vielmehr dürfen wir Projekte vertreten, die Ziele verfolgen, die die Welt mehr verbessern, als viele wirtschaftliche Betriebe dies tun. Wir vermitteln den Leuten, dass es sich lohnt, in unsere Projekte zu investieren. Dabei bitten wir natürlich auch um Unterstützung – und können stolz darauf sein.

Viele Spender in den USA gehen ganz offen mit ihrer guten Investition um und handeln nach der Devise: Gutes tun und darüber reden. Klar kann diese Einstellung auch etwas Selbstdarstellerisches und wenig Attraktives bekommen; wenn es allerdings ernst und wahrhaftig gemeint ist, wird das Aussprechen und Verbreiten der Botschaft, Gutes getan zu haben, weitere potenzielle Unterstützer inspirieren, Gleiches zu tun. Wir Fundraiser motivieren unsere Freunde und Förderer dazu, über ihr Engagement zu sprechen, damit sie mithelfen, Dritte zu begeistern.

2.4 Mehr als Geld

Im Fundraising geht es um viel mehr als um Geld – es geht um Beziehungen und das Managen eben dieser. Richten wir unseren Blick noch einmal zu den US-amerikanischen Kollegen: Sie bezeichnen Fundraising gerne als Relationship- (Beziehungs-), Inspiration- (Inspirations-) oder People-Management (Menschen-Management). Oft wird auch vom Friendraising gesprochen. Dieses Wortspiel drückt deutlich aus, dass es beim Fundraising mehr um Freunde geht, also *Friends*, als um Mittel (Funds).

Fundraiser sind Brücken. Sie verbinden Menschen, die helfen wollen, mit Menschen oder Dingen, die Hilfe benötigen. Die Organisation oder ihre Mitarbeiter haben von einer Spende kaum etwas. Die Projekte, die von der Organisation als wichtig eingestuft sind und umgesetzt werden, *die* haben etwas von der Spende.

Alle haupt- und ehrenamtlichen Mitarbeiter einer Organisation verbindet eine zentrale Aufgabe: Sie inspirieren Menschen. Im Fundraising geht es darum, bei Menschen das Gefühl zu wecken, mit dabei sein zu wollen, wenn die Welt verbessert wird. In erster Linie ist das natürlich Aufgabe der Fundraiser und des gesamten Vorstandes. Doch auch Finanzbuchhalter, Sekretärin und Lagerverwalter sind von ihrem gemeinnützigen Arbeitgeber überzeugt und empfehlen diesen weiter, wenn sie auf spendenwillige Menschen treffen.

Aufgabe: AIDA immer beachten

Bei allem was wir tun, um für unsere Gute Sache zu werben, haben wir immer AIDA im Hinterkopf. Diese Kurzformel – als Eselsbrücke bestens mit der Schifffahrt in Verbindung zu bringen – steht für das Wirkungsprinzip:

A ttention
I nterest
D esire
A ction

Die gute Fundraising-Kommunikation ist nämlich genau so aufgebaut:

Attention – Aufmerksamkeit: Zunächst machen wir auf etwas aufmerksam und informieren: über unsere Pläne für eine bessere Welt, über das neue Projekt etc. Aufmerksamkeit erregen, darauf kommt es an!

Interest – Interesse: Das Interesse wecken wir bei den aufmerksam gewordenen Menschen mit guten Projekten, ordentlichen Konzepten, überzeugenden Argumenten und gehaltvollen Informationen.

Desire – Wunsch: Bei den an unserer Arbeit interessierten Menschen wecken wir den Wunsch, Teil des Ganzen zu werden, mitmachen und helfen zu *wollen*.

Action – Aktion: Den Menschen, die den Wunsch haben, sich für unsere Gute Sache zu engagieren, machen wir ganz konkrete Handlungsvorschläge, damit sie ohne große Hürden eine Aktion erfolgen lassen können. Denn ein Wunsch ist noch lange keine Aktion.

Betrachten Sie unter den genannten AIDA-Schritten einmal das nächste Mailing (im Volksmund oft als *Spendenbrief* bezeichnet), das Sie erhalten. Auf dem Umschlag werden Sie vermutlich einen so genannten Teaser finden: einen Slogan, der Sie zum Öffnen des Briefes bewegen soll. Damit wird Ihre Aufmerksamkeit geweckt. Ist der Brief geöffnet, überfliegen Sie schnell den Brief und entdecken vielleicht Signalwörter, die Ihr Interesse wecken. Durch die Informationen und die aufgezeigten Möglichkeiten, helfen zu können, wird der Wunsch dazu bei Ihnen geweckt. Schlussendlich wird Sie vermutlich das PS im Brief sehr konkret informieren, wie Sie handeln können: mit 20 Euro für dies oder jenes. Der beiliegende Zahlschein macht es Ihnen letztendlich sehr einfach, zu handeln. Ein gutes Mailing folgt genau dem AIDA-Wirkungsprinzip.

Ein weiteres, berühmtes Beispiel für eine dem AIDA-Wirkungsprinzip folgende Fundraising-Kampagne ist das Bier, das den Regenwald rettet. Sie wissen bestimmt, um was es geht, und haben sofort Bilder im Kopf, richtig?

Diese Kampagne hat wie aus dem Lehrbuch beschrieben Aufmerksamkeit erregt – durch den Deutschen liebstes Getränk. Sie hat einen sehr hohen Bekanntheitsgrad erreicht und damit Interesse geweckt. Dafür wurde auch in Kauf genommen, dass Sprüche an die Oberfläche gespült wurden wie zum Beispiel „Saufen für den Regenwald".

Die Leute wollten wissen: Was steckt dahinter? Wie viel Regenwald wird durch eine Kiste Bier gerettet? Und so weiter. Die Macher der Kampagne konnten sich sicher sein, den Wunsch bei vielen geweckt zu haben, bei einem der nächsten Einkäufe eher dem Regenwald-rettenden-Bier den Vorrang zu gewähren. So konnten nämlich die Kunden die Aktion folgen lassen und AIDA war komplett. Ob diese Kampagne dem Regenwald allerdings wirklich geholfen hat, entzieht sich leider meiner Kenntnis. So aufmerksam dafür geworben wurde, desto weniger wurde über wirkliche Erfolge informiert.

Zurück zu unserer Realität: Nach AIDA achten wir bei unseren ausschließlichen Spenden-Kampagnen also darauf, erst im letzten Schritt aufzuzeigen, wie der Zuhörer, Zuschauer oder Leser helfen kann: Nachdem Aufmerksamkeit erregt wurde, lassen wir dem Interesse und Wunsch helfen zu wollen ausreichend Platz, sich zu entwickeln. Beim Handlungsvorschlag für eine konkrete Aktion – also der Spende – ist es dann besonders ratsam, konkret zu werden: Was kann mit einer Spende von 50 Euro passieren, was mit 25 000 Euro?

2.5 Lieben Sie Geschichten!

Seit Jahrtausenden werden die Gemüter ruhig, wenn eine Geschichte erzählt wird. Gute Geschichten fesseln. Dann hören wir die berühmte Stecknadel fallen und lauschen mit Spannung, Freude oder Erstaunen. Wie geht's weiter?

Früher wie heute gibt es auch auf diesem Gebiet professionell und hauptberuflich arbeitende Menschen. Das englische Wort Storytelling bürgert sich bei uns ein, es gibt Studien, Experimente, Bücher und Online-Podcasts zu dieser Thematik (siehe Anhang).

Fundraiser und in der Öffentlichkeit stehende Personen der Organisation sind gut beraten, sich Handwerkszeug von guten Geschichtenerzählern anzueignen. Damit fällt es einfacher, Mitmenschen zu begeistern und zu inspirieren. Das Beste daran ist natürlich: die Geschichten, die wir zu erzählen haben, sind wahre Geschichten. Hinter ihnen stecken die besten Gründe der Welt und wir dürfen sie den besten Menschen erzählen: denen, die diese Welt zu einer besseren machen wollen.

In unseren Geschichten und Berichten erklären wir komplizierte Sachverhalte für jeden verständlich. Als Vorbild kann uns hier die „Sendung mit der Maus“ dienen. Die Filmemacher einer der beliebtesten Fernsehsendungen haben natürlich einen großen Vorteil: das bewegte Bild. Aber dennoch: die Erklärungen der Maus-Redakteure sind doch beeindruckend einfach und klar verständlich.

Bei lokalen Projekten in der Nähe können wir Menschen einladen, unsere Arbeit direkt und vor Ort kennenzulernen. Bei Hilfsprojekten in der Ferne können wir manchmal nur auf Fotos und Text zurückgreifen. Unsere Aufgabe ist es dann, in die Köpfe der Menschen Bilder zu zaubern, die den Wunsch wecken, mitgestalten und helfen zu wollen.

Neben uns normalen Spenderinnen und Spendern sind besonders auch Journalisten für gute Geschichten dankbar. Es ist wichtig gerade für Vorstandsfrauen und -männer sowie alle anderen in der Öffentlichkeit stehenden Mitarbeitern, Zahlen, Daten und Fakten über ihre Organisation parat zu haben. Noch viel wichtiger ist aber oftmals, eine oder mehrere Geschichten parat zu haben: Schildern Sie Einzelschicksale oder berichten Sie über Ihre persönliche Erfahrung mit der Organisation. Wie sind Sie dazu gekommen, was hat Sie gefesselt? Ein bildhaftes Beispiel über die gute Arbeit der Organisation, die mit Spenden erst möglich wurde, das sind Informationen, die auch Journalisten dankbar entgegennehmen. Die Zahlen, Daten und Fakten lassen sich nämlich auch schnell nachlesen.

Würde es eine Nachrichtensendung geben, die ausschließlich positive Nachrichten bringt, wären unsere Organisationen beste Informanten für die Redakteure. Denn wir arbeiten für Organisationen, in denen täglich – ja stündlich! – Geschichten passieren, die Grund zur Freude machen.

Leider ist die Einschaltquote immer noch höher, werden immer noch mehr Zeitungen verkauft, bleiben die Leute eher stehen, wenn Schreckliches passiert. Wen interessiert es schon, wenn die kleine Maria ein neues Zuhause gefunden hat und endlich drei Mal täglich etwas zu Essen hat? Wen interessiert es, wenn ein

Ehrenamtlicher gewonnen werden konnte, der Kindern bei den Hausaufgaben hilft? Wen interessiert es, wenn sich im Regenwald drei ehemalige Baumfäller nun für den Erhalt der Natur einsetzen?

Es gibt viele Menschen, die sich genau dafür interessieren! Unsere Aufgabe ist es, diese Menschen zu finden, sie anzusprechen, mit ihnen darüber nachzudenken, wie wir diese Welt besser machen können, und mit ihnen zu handeln!

Übrigens: Verfassen Sie auch Ihre ganz persönliche Geschichte, die Sie und die Organisation verbindet. Vielleicht sind Sie selber betroffen, vielleicht kennen Sie jemanden, der das Projekt gegründet hat, vielleicht... Warum setzen Sie sich für die Gute Sache ein? Gerne dürfen Sie Ihre Geschichte auch spannend gestalten.

3. Fundraising in der Theorie

Es gibt nichts Praktischeres als eine gute Theorie.

– Immanuel Kant –

3.1 Auf Vision und Leitbild kommt es an

Ihre Institution verfolgt ein bestimmtes, langfristiges Ziel: die Vision einer besseren Welt. Dabei übernimmt sie eine bestimmte Aufgabe – eine Mission. Im Leitbild der Organisation sind diese Kernaussagen festgehalten.

Die Entwicklung von Vision und Leitbild ist ein Prozess, der kaum in fünf Minuten machbar ist. Verschiedene Vorschläge werden diskutiert, vom Leitungsgremium, den Mitarbeitern und Externen. Das Ergebnis werden Kompromisse sein, auf die sich alle Beteiligten einigen. Nur so können Vision und Leitbild als zur Organisation gehörig übernommen werden und alle Beteiligten dahinter stehen.

Die Vision kann aus maximal einem Satz bestehen, der beginnt mit den Worten: „Wir möchten eine Welt, in der " Trauen Sie sich ruhig zu, eine große Vision zu entwickeln! Vor allem Großspender werden es Ihnen danken – denn großes Geld braucht große Visionen.

Für Vorstände geht es übrigens im Fundraising in erster Linie um die Verbreitung der Vision für eine bessere Welt. Es ist wichtig, sie schriftlich festzuhalten, damit sich alle Beteiligten daran orientieren können. Angenommen, zwei Personen einer Organisation werden unabhängig voneinander von zwei Pressevertretern zur Vision der Organisation befragt, dann sollte am nächsten Tag das Gleiche in den verschiedenen Medien auftauchen und der Leser erkennen, dass es sich um ein und dieselbe Organisation handelt.

Der Vision folgt das Leitbild. Das Fundraising-Wiki, zu finden im Internet unter www.fundraising-wiki.de, schreibt dazu: „Das Leitbild beinhaltet, mit welchen Strategien diese Ziele erreicht werden sollen. Ein Leitbild enthält alle relevanten Aussagen zum Selbstverständnis der Organisation, zur angestrebten Kultur in der Umsetzung (Werte), dem Umgang mit allen Stakeholdern, zur Organisationsphilosophie, zum Gesellschafts- und Menschenbild. Das Leitbild soll intern und extern eine einheitliche Orientierung bieten und die Identifikation mit der Organisation fördern. Das Leitbild ist ein wichtiges Element einer Corporate Identity."

Vision und Leitbild passen auf maximal eine DIN-A4-Seite und sagen klar und prägnant aus, wofür die Organisation steht. Auf diesem Papier stellen wir die Organisation in den Mittelpunkt. Fragen, die klar und prägnant beantwortet werden, sind:

- Welchen Unterschied macht unsere Organisation für wen oder was in dieser Welt?
- Warum kann diese Welt nur ein Stückchen besser werden, wenn es die Projekte unserer Organisation gibt?
- Was genau machen wir, damit diese Welt zu einer besseren Welt wird?
- Wieso kann nur unsere Organisation das tun, was sie tut, im Gegensatz zu den vielen anderen Organisationen, die es gibt?

Die Antworten auf diese Fragen werden sehr hilfreich sein, egal, ob Sie einem neuen Spender oder einem Fremden von der Organisation erzählen oder schreiben werden. Sie helfen dabei, einem Interessenten innerhalb kürzester Zeit zu erklären, warum es wichtig ist, die Organisation zu unterstützen. Können Sie die Vision Ihrer Organisation so interessant verpacken, dass Zuhörende an Ihren Lippen hängen? Und schaffen Sie es, diese auch kurz und knackig zu kommunizieren? Oftmals bleiben uns nämlich nur Sekunden, das Interesse eines potenziellen Spenders zu gewinnen.

Der Empfänger eines Mailings entscheidet zum Beispiel innerhalb von Bruchteilen einer Sekunde, ob er diesen öffnet. Wenn er ihn geöffnet hat, entscheidet er wiederum innerhalb von maximal sieben Sekunden, ob er diesen komplett lesen wird. Wenn er ihn liest und Sie es schaffen, ihn im Herzen zu berühren, haben Sie vielleicht das Glück, dass er Ihnen eine Spende überweisen wird.

Bei einem persönlichen Gespräch ist die Chance um vieles höher, dass Ihr Gegenüber Ihnen zuhören wird. Doch auch hier entscheidet der erste Eindruck – es entscheidet das was Sie sagen und wie Sie es sagen, ob Ihr Gesprächspartner interessierte Nachfragen stellen wird oder schnell das Weite sucht.

Im Folgenden stelle ich Ihnen eine kleine Übung vor, mit der Sie lernen, innerhalb kürzester Zeit jemanden für Ihre Organisation zu interessieren.

Aufgabe: Ihr Elevator-Speech

Stellen Sie sich vor, Sie sind in einem Fahrstuhl. Kurz bevor sich die Tür schließt, tritt eine stadtbekannte Person ein, von der Sie wissen, dass sie philanthropisch im großen Stil aktiv ist. Ihr Gegenüber eröffnet mit einer freundlichen Bemerkung das Gespräch, der Fahrstuhl hebt ab. 30 Sekunden haben Sie nun Zeit, bevor das Ziel erreicht ist. Los geht's!

Mit dem Elevator-Speech (Fahrstuhl-Rede) trainieren wir, jemandem das erste Mal über unsere Organisation zu berichten. Der Begriff symbolisiert die kurze Zeit, die Sie haben, um jemanden für Ihre Interessen zu gewinnen und gegebenenfalls sogar für eine weitere Zusammenarbeit. Es ist also AIDA in Kurzform: schnell Aufmerksamkeit erregen sowie das Interesse und den Wunsch Ihres Gegenübers wecken, mehr erfahren und dabei sein zu wollen. Und letztendlich eine Handlungsmöglichkeit aufzeigen, in Aktion zu treten – in den meisten Fällen die Verabredung für ein weiteres Treffen, vielleicht in der kommenden Woche bei einer Tasse Kaffee oder Tee und weiteren Informationen.

Es gibt Fundraiser in Organisationen, die versuchen den Elevator-Speech aus dem Ärmel zu schütteln. Vor allem die Überzeugungstäter (diese lernen Sie in Kapitel 3.3 ausführlich kennen) gehören dazu. Doch auch für sie ist eine gute Vorbereitung die halbe Miete – mindestens!

Die US-amerikanische Fundraiserin Gail Perry empfiehlt folgende Gruppenarbeit, um einen Elevator-Speech zu entwickeln. Die Gruppe kann dabei zum Beispiel das Vorstands-Team sein:

Übung zum Elevator-Speech:

1. Denken Sie darüber nach, was Sie über Ihre Organisation sagen würden, wenn Sie nur 30 Sekunden Zeit hätten. Nehmen Sie sich ein paar Minuten Zeit, um sich einige Notizen zu machen. Sie können sich auch mit anderen Teilnehmern besprechen. Teilen Sie mit anderen Ihre Gedanken.

2. Nun stehen alle auf und suchen sich einen Partner. Einer ist Partner A, der andere Partner B. A beginnt, B ist Zuhörer.

3. Wir nutzen eine Stoppuhr; A hat 30 Sekunden Zeit, um mit B seinen Elevator-Speech zu testen.

4. Im Anschluss an die 30 Sekunden gibt B Feedback an A. Es ist wichtig, Feedback zu geben! Es wird auch gemunkelt, dass Vorstände Feedback lieber von Vorständen annehmen. Netter Nebeneffekt: Teambuilding!

5. Mit eingearbeitetem Feedback führt A noch einmal den Elevator-Speech durch. Die Uhr läuft nochmals 30 Sekunden und B gibt noch einmal Feedback an A.

6. Jetzt ist B an der Reihe: Elevator-Speech – A gibt Feedback – B wieder Elevator-Speech – A noch einmal Feedback an B.

7. Jetzt darf leider nur ein freiwilliges Gesprächspaar den Elevator-Speech vor der gesamten Gruppe präsentieren.

8. Zum Abschluss diskutiert die Gruppe über die Elevator-Speech-Arbeit am präsentierten Beispiel. Alle teilen ihre Gedanken und Lernerfolge mit den anderen Teilnehmern.

Sie werden erkennen, dass Sie nach erfolgreich durchgeführter Arbeit einen weiteren wichtigen Schritt gemacht haben auf dem Weg zum Botschafter, Friendraiser und Fundraiser.

Übrigens: Führen Sie eine Elevator-Speech-Übung gerne einmal jährlich durch. Eine Auffrischung tut allen gut!

3.2 Fundraising ist Führungsaufgabe

Der Erfolg im Fundraising wird ausbleiben, wenn irgendeine Mitarbeiterin Briefe schreiben muss, den die Vorstände umtexten, weil sie denken, sie könnten es besser, oder sich dann doch unwohl fühlen, die direkte Bitte um Spenden zu unterschreiben. Auch ein Mitarbeiter, der zum Fundraising-Beauftragten ernannt wird und jetzt endlich mal schnell alle Unternehmen der Region anrufen soll, um Spenden zu bekommen, wird maximal kurzfristigen Erfolg haben. Und auch der Buchhalter ist kein geborener Fundraiser, nur weil er schon mit Geld zu tun hat.

Wenn Fundraising erfolgreich sein soll, wird entweder ein ausgebildeter Fundraiser eingestellt oder einem Internen diese Persönlichkeitsentwicklung ermöglicht, durch Aus- und Fortbildungen sowie Netzwerkmöglichkeiten. Die Führung steht dabei geschlossen hinter ihm und hinter dem Fundraising allgemein!

Es gibt Organisationen, in denen eine Stabsstelle Fundraising eingeführt wird – das ist schon mal ein guter Schritt. Große Institutionen leisten sich ganze Fundraising-Abteilungen mit einem Leiter und Mitarbeitern, die jeweils eigene Bereiche verantworten (Mailings, Großspenden-Fundraising, Stiftungen, Online etc.). Die Abteilung kann mit anderen Abteilungen auf einer Hierarchieebene angesiedelt sein oder wiederum als Stabsstelle der Geschäftsführung fungieren. Es gibt viele Modelle, das Fundraising innerhalb der Institution anzusiedeln – das beste oder erfolgreichste Modell gibt es nicht. Der Erfolg wird allerdings nur kommen, wenn dem Fundraising die richtige Beachtung geschenkt wird und es als Teil der Führung angesehen wird. Ganz gleich, wo und wie das Fundraising angesiedelt ist, die direkte Verbindung zur Geschäftsführung und die Mitsprache in allen Entscheidungsgremien müssen sichergestellt sein.

Wenn Fundraising systematisch angegangen wird, bedeutet das in den meisten Fällen eine Neustrukturierung des Denkens innerhalb der Organisation. Alle Bereiche lassen sich durch das Fundraising überprüfen nach Transparenz, Außenwirkung und Vermittelbarkeit. Die Mitsprache des Fundraisers bei der Entwicklung eines neuen Projektes ist wichtig, da somit von Beginn an sichergestellt ist, dass sich dieses Projekt auch nach außen darstellen lässt und Spenden dafür generiert werden können.

Diese Aspekte machen deutlich, warum dem Fundraising eine besondere Bedeutung zukommt. Sehen Sie es als eine Art interne Dienstleistung, die es zur Aufgabe hat, die gesamte Organisation darauf auszurichten, dass die Finanzierung über Dritte zu einem wirklichen Finanzierungs-Standbein werden kann.

3.3 Überzeugungstäter/in

Das Wort „Täter" ist in unserer Sprache negativ behaftet. Ganz neutral gesehen ist es allerdings lediglich das Wort für eine Person, die eine Tat begeht. Dass diese Tat auch gut sein kann, verbinden die wenigsten damit, wenn sie das Wort „Täter" hören oder lesen. Der Versuch, sich auf diese Weise dem Wort Überzeugungstäter zu nähern, ermöglicht allerdings eine positiv besetzte Herangehensweise. Und in diesem Zusammenhang ist der Täter zu 100 Prozent positiv gemeint. Nebenbei zaubert das Wort vielen auch ein Lächeln ins Gesicht ...

Das Lächeln entspringt dabei der Freude, die jemand verspürt, wenn eine dritte Person von einer Sache vollkommen überzeugt ist. Unter Überzeugungstäter verstehen wir in der Regel jemanden, der aus voller Überzeugung heraus für die guten Projekte seiner Organisation Taten begeht. Er steht voll und ganz dahinter und setzt sich oft über das geforderte und erwartete Maß dafür ein.

Führungspersonen innerhalb der Organisation haben auf Überzeugungstäter ein besonderes Auge und achten bei ihnen speziell auf folgende Aspekte:

- Anzahl der Überstunden beziehungsweise den zeitnahen Freizeitausgleich,
- Verzettelung innerhalb des Arbeitsgebietes sowie eine
- eventuelle Vernachlässigung anderer Pflichten und Hobbys.

In unseren Institutionen arbeiten viele Überzeugungstäter. Und das ist gut so! Denn nur Menschen, die hinter ihren Projekten stehen, sich vollkommen dafür einsetzen und von den Projekten begeistert sind, können auch andere Menschen begeistern.

Eine Bitte allerdings an alle Überzeugungstäter: Bitte achten Sie auch auf sich und schenken Sie sich vielleicht einfach mal einen freien Nachmittag. Ihre Projekte brauchen Sie auch noch im kommenden Jahr und in drei und fünf Jahren. Ein Burn-out würde Sie davon abhalten ...

3.4 Ethisch handeln

Müssen Sie das Bild eines verhungernden Kindes zeigen, um Spenden zu bekommen? Nehmen Sie die Spende von einem Investor, der letzten Monat dafür gesorgt hat, dass der Kindergarten um die Ecke abgerissen wird?

Im Fundraising-Alltag haben wir immer wieder mit ethischen Fragen zu tun, die Antworten erwarten. Dafür ist es hilfreich, wenn in den Organisationen die Verantwortlichen der Leitungsebene ein Papier erarbeiten, das Antworten zu ethischen Fragen bereithält. Hilfreich für die Erstellung eines solchen Leitfadens können die 19 Grundregeln für eine gute, ethische Fundraising-Praxis sein. Diese hat der Deutsche Fundraising Verband (DFRV) erarbeitet. Darin heißt es: „Fundraiserinnen und Fundraiser sehen sich als Mittler zwischen Unterstützung Suchenden und Unterstützern sowie als Treuhänder der berechtigten Interessen beider Seiten. Diese Aufgabe und die besondere Vertrauenssituation im Fundraising macht eine gute, ethische Fundraising-Praxis unabdingbar.“

Die 19 Regeln beziehen Stellung zu Themen wie Würde, Integrität, Transparenz, Fairness, Privatsphäre, Datenschutz, Verwendung, Vergütung. Im Zuge der Erarbeitung hat der Deutsche Fundraising Verband auch einen Schiedsausschuss ins Leben gerufen, an den sich jeder wenden kann, sollte ein Mitglied gegen die Grundregeln verstoßen.

Sollten Sie kein Mitglied im DFRV sein, überlegen Sie vielleicht eines zu werden – dann haben Sie sich auch an diese Regeln zu halten. Wenn Sie kein Mitglied werden wollen, halten Sie sich dennoch an diese Regeln und/oder entwerfen Sie Ihre eigenen Ethik-Standards!

In den USA veröffentlichen viele Organisationen übrigens neben Ethik-Standards auch den so genannten *Donor-bill of Rigths*. Es ist eine Art Festschreibung der Rechte, die ein Spender bei einer Organisation hat. Dem Spender wird darin Schwarz auf Weiß unter anderem garantiert,

- über die Ziele der Organisation informiert zu werden,
- informiert zu werden über die Personen, die in einer Organisation leitende Funktionen einnehmen,
- Zugang zu den jeweils jüngsten Rechenschaftsberichten einer Organisation zu erhalten,
- angemessene Beachtung und Anerkennung (für ihre Spenden) zu erhalten,
- darüber in Kenntnis gesetzt zu werden, ob es sich bei Spendensammlern um Ehrenamtliche, Angestellte der Organisation oder um bezahlte Spendensammler handelt.

Im Fundraising-Wiki finden Sie eine komplette, sinngemäße Übersetzung. Vielleicht überlegen Sie, diese Rechte der Spender für Ihre Organisation geltend zu veröffentlichen.
Wie Sie sich auch dem Thema Ethik im Fundraising nähern und es bearbeiten: Sammeln Sie in einem Dokument ethisch bedenkliche Fälle und wie Sie im Einzelnen darüber entschieden haben. Das wird Ihnen hilfreich sein beim Erstellen eines ethischen Kodex für Ihre Organisation.

3.5 Menschen geben an Menschen

„Ich gebe Ihnen 200 Euro für das Projekt" – das ist die Mitteilung eines Spenders, die jeden von uns freut. In diesem Satz steckt aber viel mehr als die Spendenzusage, nämlich eine wichtige Fundraising-Regel: *people give to people* – Menschen geben an Menschen – und eben nicht an Organisationen.

Maria hilft Max und Heinz gibt Geld für den aussterbenden Affen, weil Elisabeth ihn darum bittet. Menschen spenden für Menschen, Tiere, Gebäude – wir Vertreter unserer Organisationen sind dabei die Mittler. Maria und Heinz brauchen uns als vertrauensvollen, kompetenten Partner, der für sie die Gute Sache umsetzt. Sie als Individuum verkörpern und repräsentieren die Gute Sache in Funktion eines Vorstandsmitgliedes oder Mitarbeiters der Organisation. Ein potenzieller Spender wird Ihnen einen bestimmten Geldbetrag auch geben, weil er *Ihnen* vertraut, *Ihr* Projekt unterstützungswürdig findet und *Sie* ihm sympathisch sind.

Besonders für Großspender ist der finanzielle Beitrag eine wirkliche Investition. Große Investitionen tätigt keiner, ohne einen persönlichen Kontakt aufgebaut zu haben. Da jedoch die wenigsten Menschen von sich aus aktiv werden, um eine für sich passende Organisation zu finden, sind wir es, die aktiv auf potenzielle Unterstützer zugehen.

Dabei beachten wir, dass die verschiedenen Menschen gerne an unterschiedliche Menschen geben. Wäre es zum Beispiel die richtige Wahl, wenn der Fundraiser den Geschäftsführer einer Firma um eine Spende bittet? Oder sollte er vielleicht besser vom Vorstand beim Gespräch unterstützt werden? Bedenken Sie immer die gewisse „Augenhöhe“ zweier Geschäftspartner. In diesem Fall für eine Gute Sache!

3.6 Das Leben eines Spenders

Die so genannte Spenderpyramide zeigt uns den optimalen Weg eines Spenders mit unserer Organisation. Dabei bildet die interessierte Öffentlichkeit den Boden der Pyramide, also bereits die Auswahl der Bundesbürger, die irgendeinen Berührungspunkt mit unserer Guten Sache haben. In Pyramidenform darüber sind die Schritte aufgezeigt, die eine Person in ihrem Unterstützerleben mit unserer Organisation gehen kann: vom Erstspender über den Dauerspender bis hin zum Erblasser. Je höher die Stufe in der Pyramide, umso stärker ist die Verbindung zur Organisation – aber desto geringer ist auch die Anzahl der Personen, die zur jeweiligen Gruppe gehören.

Von verschiedenen Experten gibt es bereits verschiedene Spenderpyramiden, die sich ähneln und doch feine Unterschiede aufweisen. Eine berücksichtigt zum Beispiel den wichtigen Status der Ehrenamtlichen, den eine andere Pyramide nicht beachtet. Diese wiederum zeigt Ziele für die jeweilige Unterstützergruppe auf, die von der übernächsten ausgelassen werden. Ich habe eine Spenderpyramide entwickelt, die mir vollständig erscheint. Die jeweiligen Gruppen weisen alle relevanten Unterstützertypen auf. Rechts sind spezielle Hauptziele notiert, und zentral wie die Sonne erstrahlt die Beziehung zwischen Spender und Organisation von Anerkennung und Dank.

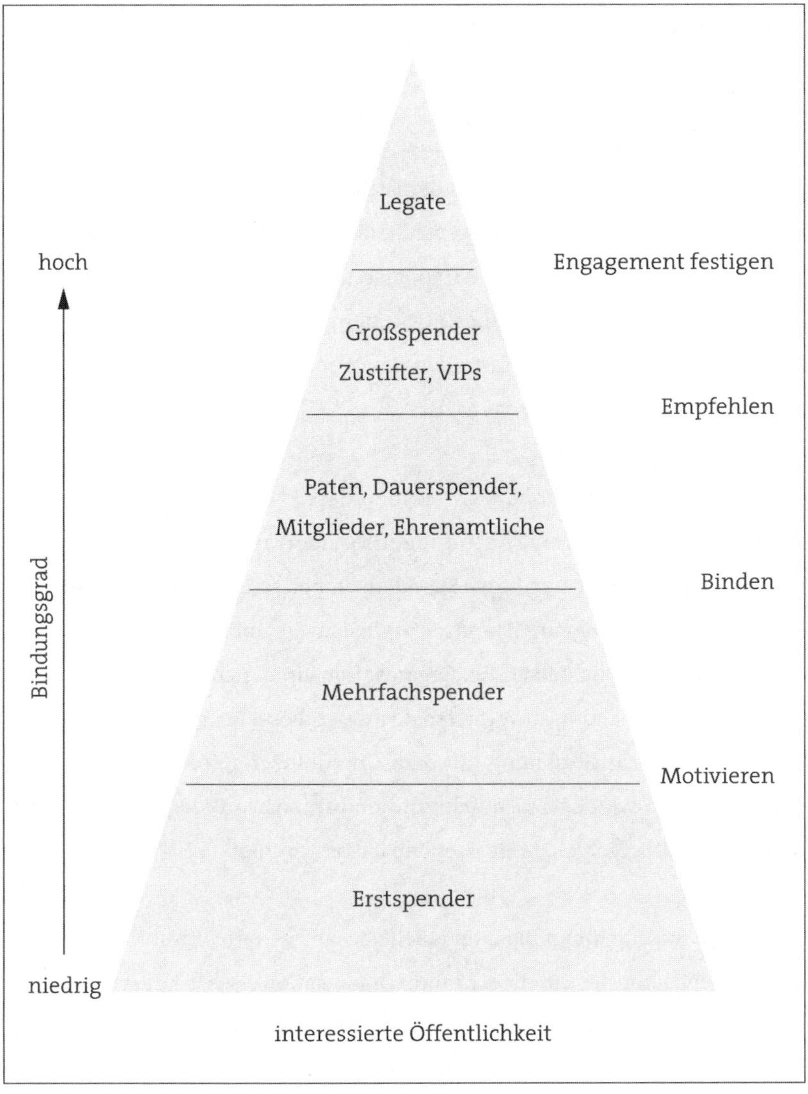

Abbildung 1: Spenderpyramide

3.7 Wenige geben das Meiste

In vielen Organisationen ist es normal, dass wenige Menschen zum größten Spendenaufkommen beitragen. In der Fachsprache wird es als Pareto-Prinzip bezeichnet: Etwa 20 Prozent der Spendenden geben rund 80 Prozent der Gesamteinnahmen – kurz auch die 80/20-Regel genannt. Die Verteilung verschiebt sich, je nachdem welche Fundraising-Strategie die Organisation verfolgt. Das Phänomen ist allerdings in fast allen Spenden sammelnden Organisationen vorzufinden: Wenige geben das Meiste.

Diese Erkenntnis lässt uns bewusst werden, dass es sehr sinnvoll ist, innerhalb unseres Spenderkreises eine Abstufung zu machen und verschiedene Konzepte für die unterschiedlich wichtigen Spendergruppen zu entwickeln. Die wirklich individuelle Zusammenarbeit konzentriert sich auf Unterstützer, die das Interesse und das Potenzial haben, der Organisation einen richtig großen Schritt in Richtung Zielerreichung zu verhelfen. Je größer dieser Schritt sein kann, desto intensiver wird die Beziehung mit dem Unterstützer geführt. Denn wirklich große Spenden werden nur durch gute und intensive Beziehungsarbeit mit Menschen wahr, die sich große Spenden leisten können.

Vermeiden Sie unbedingt die individuelle Zusammenarbeit mit Menschen, denen die Erreichung der Guten Sache Ihrer Organisation egal ist. Konzentrieren Sie sich auf diejenigen, die ein wirkliches Interesse daran haben. Mit diesen werden Sie einen längeren und erfolgreicheren Weg gehen. Denn sie werden überzeugter, häufiger, großzügiger und langfristiger für die Gute Sache geben.

3.8 Geben Sie zuerst

Während eines meiner Seminare kam ein älterer Herr etwa zur Halbzeit herein und setzte sich auf den Stuhl direkt am Kopfende des Tisches. Ich versuchte ihn zu begrüßen und in die laufende Diskussion einzubinden, er wiegelte jedoch mit den Worten ab: „Machen Sie nur weiter und lassen Sie sich nicht stören. Ich möchte nur zuhören."

Nach dem Seminar kam der ältere Herr auf mich zu und berichtete mir stolz und begeistert über eine Organisation, die er als Vorstandsvorsitzender unterstützt. Später gesellte sich noch sein Kompagnon hinzu, der ebenfalls ehrenamtlich für diese Gute Sache aktiv ist – als der Macher. Sie erzählten von der großen Herausforderung, vor der sie standen. Nach ersten Hochrechnungen brauchten sie rund 700 000 Euro für die erste Projektphase. Zur Fundraising-Fortbildung kamen sie, um sich schlauer zu machen, wie das anzustellen sei. Also besprachen wir einige Ideen ...

Nach einer Weile stellte sich heraus, dass der ältere Herr sehr viel Zeit investiert, um das Projekt beratend zu unterstützen. Bei mir stellte sich unterdessen das Bauchgefühl ein, dass die beiden bereit waren für eine Präsentation praktischen Fundraisings.

Der ältere Herr machte den Eindruck, als hätte er keine Geldsorgen. Außerdem ließ sich in der einen und anderen Aussage sein großartiges Netzwerk heraushören. Er widmete sich voller Hingabe und mit viel Elan dem Projekt und wollte unbedingt lernen, wie sie das Geld dafür zusammenbekommen konnten.

Die Nachfrage, ob er selber denn schon für das Projekt gespendet hätte, verneinte er. Zwei zentrale Erklärungen dabei ... oder Entschuldigungen:

- Ich spende doch schon so viel Zeit!
- Ich unterstütze schon viele andere Organisationen mit Geld.

Meine Frage – ja fast schon meine Forderung –, ob er das neue Projekt mit den ersten 1000 Euro unterstützen könnte, bejahte er sehr spontan. Seinem Kompagnon – dem Macher – zauberte diese Aussage ein Freudestrahlen ins Gesicht. Der ältere Herr begann darüber nachzudenken. Auf jeden Fall waren die beiden Überzeugungstäter ihrem Ziel nun schon einen kleinen Schritt näher gekommen – und reicher durch eine Lernerfahrung waren sie ebenfalls. Dass der ältere Herr nun auch auf sein Netzwerk aufbauen konnte, brauchte ich ihm nicht mehr sagen; diese Gedanken kreisten bereits durch seinen Kopf.

Es ist unumgänglich, dass Sie und auch alle mit den Spendern zusammenarbeitenden Mitarbeiter der Organisation einen finanziellen Beitrag für die Gute Sache leisten! Denn stellen Sie sich vor, Sie bitten jemanden um Geld, und dieser jemand möchte von Ihnen wissen, wie viel Sie denn für das Projekt spenden. Stellen Sie sich weiter vor, Sie müssten sagen: Geld spende ich keines, dafür aber meine Zeit, und andere Organisationen bekommen natürlich auch finanzielle Unterstützung.

Warum sollte jemand Ihre Organisation mit einer Geldspende unterstützen, wenn einer der Hauptvertreter kein Geld dafür gibt?

Seien Sie Vorbild! Gehen Sie mit gutem Beispiel voran! Ihre zeitliche Investition in allen Ehren, aber es führt kein Weg daran vorbei, dass Sie auch darüber hinaus etwas für Ihre Organisation tun. Wenn Ihre Organisation auf Spenden angewiesen ist, gehören Sie zu den Ersten, die geben!

3.9 Der Erfolg kommt

„Lieber Herr Fundraiser, Sie sind jetzt bereits ein Jahr bei uns, aber wir sehen immer noch keine signifikante Steigerung der Spendeneinnahmen!" – Es ist gut, dass heutzutage immer seltener mit dem neu eingestellten Fundraiser so gesprochen wird. Die Erwartungen der Geschäftsführer passen sich der Realität an.

Andererseits wird auch kein Fundraiser eingestellt, der verspricht, innerhalb des ersten Jahres größte Erfolge einzufahren. Das wird scheitern, von einigen wenigen Ausnahmen einmal abgesehen. Denn natürlich kann ein glücklicher Zufall einen Geldsegen bringen: etwa ein Großspender, ein Sponsor, ein paar erfolgreiche Fernsehauftritte, eine größere öffentliche Zuwendung oder eine überraschende Erbschaft. Und leider tragen auch unglückliche Zufälle zu plötzlicher und hoher Spendenbereitschaft bei: Katastrophen. Aber wie gesagt: Das sind Ausnahmen!

Fundraising zu starten, heißt, zu investieren. Erfahrungen haben gezeigt, dass der Aufbau eines professionellen Fundraisings bis zu drei Jahre dauert. Denn es geht eben darum, Freunde für die langfristige Unterstützung der Organisation zu finden, anstatt den schnellen Euro für ein bestimmtes Projekt zu bekommen. Darum haben Sie bitte einen langen Atem, wenn Sie Fundraising in Ihre Organisation implementieren. Und seien Sie beruhigt: Der Erfolg kommt! Mit der richtigen Portion Ausdauer, und wenn Sie konsequent am Ball bleiben. Das gilt übrigens auch, wenn ein neues Fundraising-Instrument in Ihrer Fundraising-erfahrenen Organisation eingeführt wird: Rechnen Sie mit bis zu drei Jahren, bis wirkliche Erfolge sichtbar werden.

4. Fundraising in der Praxis

Die Praxis sollte das Ergebnis des Nachdenkens sein,
nicht umgekehrt.

– Hermann Hesse –

4.1 Bereit sein!

In Fachkreisen ist von der *Institutional Readiness* („organisatorische Bereitschaft") in erster Linie dann die Rede, wenn wir davon sprechen, dass Fundraising

- die Bereitschaft aller innerhalb der Organisation arbeitenden Menschen erfordert und
- mehr ist als ein einzelner Baustein innerhalb der Organisation

Beim Aufbau des Fundraisings innerhalb einer Organisation ist es wichtig, dass alle Vorstände, Mitarbeiter und engste Ehrenamtliche das Fundraising wirklich wollen und als „Querschnittsaufgabe" anerkennen. Denn alle Bereiche werden daraufhin überprüft, wie sie der Mittelbeschaffung über Dritte dienen können beziehungsweise wie sie damit in Berührung kommen. Dafür ist oftmals auf allen Ebenen ein Umdenkprozess notwendig, wenn der Spender auf einmal im Mittelpunkt der Arbeit steht.

Darüber hinaus sind natürlich die Kollegen an der Telefonzentrale ebenso wie der Hausmeister und alle anderen Mitarbeiter über neueste Projekte informiert. Alle kennen Vision und Leitbild der Organisation. Anerkennend und respektvoll ist der Umgang untereinander, denn nur so kann diese Haltung auch gegenüber Unterstützern eingenommen werden.

Voraussetzungen und damit tragend für die interne Bereitschaft einer Organisation sind neben der positiven Einstellung gegenüber dem Fundraising auch ein dazugehöriges Budget, qualifizierte Mitarbeiter, inspirierende Führungskräfte und eine PC-Datenbank, mit der Spenderadressen und Kontakthistorien verwaltet werden können. Weiterhin unerlässlich ist natürlich eine Finanzbuchhaltung mit Spendenbuchhaltung.

Übrigens: Auch erfahrene Organisationen sehen sich immer wieder mit der „organisatorischen Bereitschaft" konfrontiert. Wird zum Beispiel das Großspenden-Fundraising oder das Legate-Marketing eingeführt, muss erneut Bereitschaft eingeholt und um Zustimmung aller Kollegen geworben werden. Denn nur so können auch diese Fundraising-Instrumente erfolgreich sein.

4.2 Organisation und Umfeld kennen

Neben der internen Bereitschaft ist es sehr wichtig, das Umfeld der Organisation sowie die eigenen Stärken und Schwächen zu kennen. Dafür nutzen wir die Umfeld- und die Organisations-Analyse. Beide stellen viele Fragen und erwarten von Ihnen Antworten, die genau und ausführlich recherchiert sein müssen. Die Antworten bringen wir mit der SWOT-Analyse zusammen und können damit Strategien zur Erreichung eines bestimmten Ziels erarbeiten. Das ist nämlich ausschlaggebend für den Erfolg dieser Analysen: Klären Sie vorher mit allen daran Beteiligten, was konkret analysiert werden soll. Das kann die gesamte Organisation betreffen oder nur ein einzelnes Fundraising-Instrument. Übrigens erleben die Analysen ihre größte Stärke, wenn alle Mitarbeiter aus allen Ebenen daran mitarbeiten.

Stellen wir uns im folgenden Beispiel die Frage: Wie kann unsere Organisation erfolgreich sein im Fundraising?

Umfeld-Analyse

Mit der Umfeld-Analyse lernen wir das System kennen, in dem sich unsere Organisation bewegt. Wo könnte eine Situation für uns im Fundraising also günstig werden, wo müssen wir aufpassen? Folgende Fragen werden beantwortet und jeweils als Chance oder Risiko ausgewiesen:

- Wie sieht der derzeitige (Fundraising-)Markt aus?
- Wie wird er sich entwickeln?
- Wo arbeiten wir?
- Welche ähnlichen Organisationen gibt es, und wie arbeiten sie?
- Welche Veränderungen gibt es aktuell in unserem Arbeitsgebiet: politisch, ökonomisch, sozial und technologisch (Stichwort PEST-Analyse: Political, Economy, Social und Technological)?
- Wie sehen die rechtlichen Rahmenbedingungen aus?
- Gibt es Hinderungsgründe, die es potenziellen Spendern schwer macht, zu spenden?
- Wie stark sind die Mitglieder und Spender an „ihre" Organisation gebunden?
- Gibt es Organisationen, die ähnliche „Produkte" anbieten?
- Wie hoch ist die Durchschnittsspende bei vergleichbaren Organisationen?
- Gibt es Synergien zu bestehenden Arbeitsgebieten (zum Beispiel Öffentlichkeitsarbeit)?

- Wie werden andere Organisationen auf uns reagieren?
- Über welche neuen Möglichkeiten der Finanzierung haben wir gehört, und wie könnten wir darüber mehr in Erfahrung bringen?

... und viele andere Fragen, die eine Analyse des Umfeldes fokussieren und dabei Chancen und Risiken für die Organisation herausstellen.

Nach dieser Umfeld-Analyse wissen wir also, wo wir uns bewegen und wie der Markt aussieht, auf dem wir aktiv sind. Optimal kann die Arbeit allerdings nur dann ausgerichtet werden, wenn auch die eigenen Stärken und Schwächen bekannt sind, die bei einer Organisations-Analyse im Fokus stehen.

Organisations-Analyse

Mit der Organisations-Analyse werden Stärken und Schwächen herausgearbeitet. Was machen wir gut, wo können wir uns verbessern? Folgende Fragen werden beantwortet und jeweils als Stärke oder Schwäche ausgewiesen. Bitte beachten Sie: Stärken und Schwächen basieren oftmals auf denselben Themen. So hat jede Stärke auch immer eine Schwäche – andersherum verhält es sich ebenso. Berücksichtigen Sie bitte immer beide Seiten.

- Wie organisiert und zukunftsweisend orientiert sind unsere Fundraising-Bemühungen?
- Wissen alle Kollegen von den Fundraising-Plänen?
- Warum waren wir schon einmal frustriert im Fundraising?
- Wie wird die Arbeit koordiniert?
- Was können wir besser machen?
- Hat jemand Fundraising-Erfahrung?

- Wo hatten wir in der Vergangenheit unsere größten Erfolge in der Arbeit für die Gute Sache?
- Wo arbeiten wir gut, wo laufen die Prozesse gut?
- Welche Ausbildung haben die Mitarbeiter?
- Warum unterstützt jemand die Arbeit unserer Organisation?
- Welche weiteren Verbindungen können wir in unserer Umgebung herstellen?
- Welche Partnerschaften könnten angegangen werden?

... und viele andere Fragen, die eine Analyse der eigenen Organisation fokussieren und dabei die Stärken und Schwächen herausstellen.

Aufgabe: SWOT-Analyse

SWOT steht für Strengths, Weaknesses, Opportunities und Threats – übersetzt Stärken, Schwächen, Chancen und Risiken. Bei einer SWOT-Analyse werden Strategien entwickelt, die wir zur Erreichung des gestellten Ziels (Wie kann unsere Organisation erfolgreich sein im Fundraising?) benötigen. Bei der Analyse werden also die erarbeiteten Stärken und Schwächen mit den Chancen und Risiken in Zusammenhang gebracht und ihre Wechselwirkung dargestellt. In einer Matrix werden dann die Strategien eingetragen. Das Ziel bei der Erarbeitung der Strategien ist, die Anzahl der Chancen zu erhöhen und die der Risiken zu minimieren.

	Stärken	Schwächen
Chancen	Welche Stärken könnten die Chancen erhöhen?	Welche Schwächen könnten Chancen sein?
Risiken	Welche Stärken helfen beim Minimieren der Risiken?	Welche Schwächen könnten die Risiken erhöhen?

Abbildung 2: SWOT-Matrix

4.3 Ziele setzen

Sie sind jetzt bereit und kennen Ihr Umfeld. Im nächsten Schritt geht es darum, Ziele festzulegen. Stellen Sie unbedingt sicher, dass alle Beteiligten wissen – und Sie selber natürlich auch! –, wohin die Fundraising-Reise geht. Dafür formulieren Sie allgemeine Ziele sowie Ziele für jede einzelne Maßnahme. Darüber hinaus legen Sie Kennzahlen fest, die eine Kontrolle nach der Durchführung der jeweiligen Maßnahme ermöglichen. Beachten Sie, dass es finanzielle und nichtfinanzielle Ziele gibt. Diese sind kurz-, mittel- und langfristig angelegt und folgen dem SMART-Prinzip. Die Buchstaben stehen hierbei für die Kriterien, die echte Ziele ausmachen:

S pezifisch
M essbar
A ttraktiv
R ealistisch
T erminiert

Spezifisch: Ziele sind immer sehr *konkret* formuliert! Lassen Sie uns an dieser Stelle von schlechten Beispielen lernen: Wir wollen so viele Spenden wie möglich sammeln oder wir wollen ganz viele neue Freunde gewinnen. Das sind keine konkreten Ziele, denn unter *viel* versteht jeder etwas anderes; für den einen sind 1300 Euro viele Spenden, für den nächsten sind das Peanuts. Für den einen sind 12 neue Freunde viele neue Freunde, für andere sind 1200 neue Freunde viel. Legen Sie sich also fest: Wie viele genau sollen es werden?

Messbar: Das Erreichen eines spezifisch formulierten Ziels ist immer messbar! Überlegen Sie sich also *vor* jeder Fundraising-Aktion, was erreicht werden soll, und benennen Sie konkrete, zu erreichende Kennzahlen für die Ziele: Beim nächsten Tag der offenen Tür wollen wir 5 000 Euro sammeln und 40 Menschen in unsere Adresskartei aufnehmen, die potenziell auch in der Zukunft einmal wieder spenden werden – das sind Ziele, deren Erreichung sich messen lassen.

Attraktiv: Ziele, die attraktiv formuliert sind, motivieren! Natürlich ist attraktiv relativ. Wichtig ist die Attraktivität für den Mitarbeiter, der verantwortlich an der Erreichung des Ziels arbeiten wird. Sprechen Sie den Mitarbeiter ruhig direkt darauf an: Ist dieses Ziel attraktiv für Sie?

Realistisch: Ziele, die fernab der Realität formuliert sind, können Hauptfaktor Nr. 1 für die Unzufriedenheit und das Sinken der Motivation derjenigen sein, die die Ziele erreichen sollen. Bleiben Sie auf dem Boden der Tatsachen und unterstützen Sie sich gegenseitig dabei, Ziele realistisch zu formulieren.

Terminiert: Eine Aufgabe, die ohne genauen Erreichungs-Zeitpunkt formuliert wird, ist kein Ziel. Schreiben Sie also mit dazu: am 1. Februar, im 2. Quartal oder bis zum 3. Advent.

4.4 Gesucht: ein/e Fundraiser/in

Wenn Mittel über Dritte wirklich zu einem zuverlässigen Finanzierungs-Standbein werden sollen, richten Organisationen im besten Fall eine feste und bezahlte Fundraising-Stelle ein.

Natürlich gibt es auch Aufgaben, die für Ehrenamtliche bestimmt sind und auch nur von diesen erledigt werden können. Bei einem Hauptamtlichen laufen allerdings alle Fäden zusammen. Ausschließlich ehrenamtlich geführte Organisationen haben zwar oft null Prozent Verwaltungskosten, da diese aus privaten Mitteln getragen werden, früher oder später stoßen sie allerdings an Grenzen, was das Wachstum begrenzt. Erst durch eine Investition ins Fundraising – und damit auch in eine bezahlte Stelle – können sie wachsen.

Gesucht wird also ein/e Fundraiser/in. Doch welche Eigenschaften braucht der optimale Fundraiser? Welche Qualifikationen sollte ein potenzieller Kandidat mitbringen? Welche Kompetenzen sollten Fundraiser vorweisen können?

Zunächst einmal brauchen Fundraiser viel Energie! Darüber hinaus sind sie aufrichtig, haben große Visionen und eine optimistische Grundeinstellung. Viel zu oft sind wir mit schwierigen Herausforderungen konfrontiert, mit Absagen, langen Wegen und komplexen Situationen. Hier den Durchblick zu behalten, das Boot zu steuern und Unterstützer zu finden – das bewältigen wir in erster Linie.

Folgende Kompetenzen bringen gute Anwärter auf eine Fundraising-Stelle mit:

- **Authentisch sein:** Das ist die wohl wichtigste Eigenschaft! Fundraiser, die sich verstellen müssen, um ihren Job zu machen, sind am falschen Platz.
- **Kontaktfreude:** Sie nehmen gerne den Telefonhörer in die Hand und rufen fremde Menschen an. Sie gehen auf Veranstaltungen gerne auf die Menschen zu und suchen das Gespräch. Sie sind sehr kontaktfreudig und aktiv!
- **Vertrauenerweckend:** Ein Fundraiser strahlt aus, dass ihm vertraut werden kann. Eine Spende zu machen, ist ein Akt höchsten Vertrauens und kann nur gelingen, wenn Menschen die Organisation vertreten, denen andere Menschen ihr Geld anvertrauen.
- **Diskretion:** Fundraiser erhalten viele Informationen. Sie wissen, welche davon vertraulich zu behandeln sind und welche zur Unterstützung der Guten Sache veröffentlicht werden können.
- **Ausdauer:** Fundraiser haben viel Ausdauer. Der Weg bis zum Ziel kann oftmals lang und beschwerlich sein.
- **Großzügigkeit:** Fundraiser sind großzügig und gehören bei jeder eigenen Spendenkampagne (und gerne natürlich auch bei anderen!) zu den ersten Spendern. Großzügigkeit inspiriert andere Menschen, ebenfalls zu geben.
- **Intelligenz:** Fundraiser produzieren täglich Ideen und meistern viele Herausforderungen. Dafür haben sie eine gesunde Intelligenz, die sie jederzeit einsetzen können.

- **Humor:** Davon haben Fundraiser eine gute Portion. Wenn Menschen lachen, geht es ihnen gut, und das ist besonders dann wichtig, wenn wir ihnen direkt gegenübersitzen.
- **Einfühlungsvermögen:** Innerhalb kürzester Zeit stellen sich Fundraiser auf verschiedenste Charaktertypen ein und wissen, mit ihnen zu kommunizieren. Verständnisvoll und warmherzig dabei zu sein ist vorteilhaft.
- **Klarheit:** Wer klar und deutlich kommunizieren kann, ist klar im Vorteil! Wer gerne Fachchinesisch spricht, verfasst besser wissenschaftliche Arbeiten. Menschen lieben es zu verstehen und das gelingt nur durch eine leicht verständliche Sprache.
- **Hervorragende Leistungen:** Um hochgesteckte Ziele zu erreichen, sind Fundraiser in der Lage, beste Leistungen zu erbringen. Ein starkes und gesundes Selbstvertrauen ist dabei genauso notwendig.
- **Offenheit:** Fundraiser, die mit Spendern persönlich ins Gespräch kommen, sind offen, auch anders denkenden Menschen gegenüber. Fundraiser, die nichts von sich oder ihrem privaten Umfeld preisgeben wollen, sind besser hinter dem Schreibtisch im Büro einzusetzen.
- **Netzwerken:** Menschen an einen Tisch zu bringen, Spender mit anderen, interessanten Unterstützern oder Personen ins Gespräch zu bringen – das fällt Fundraisern ebenfalls leicht.

Dies sind die wichtigsten Kompetenzen, die Anwärter auf eine Fundraising-Stelle mitbringen. Darüber hinaus gibt es für den internationalen Fundraising-Experten Ken Burnett sechs herausragende und grundlegende Eigenschaften. Diese beschreibt er in seinem sehr empfehlenswerten Buch „The Zen of

Fundraising". Das Taschenbuch ist derzeit leider nur auf Englisch verfügbar, könnte aber dennoch auf Ihren Schreibtisch gehören.

Die sechs Eigenschaften nach Ken Burnett sind:

1. Stolz sein
2. Leidenschaftlich an die Gute Sache glauben
3. Ehrlich, offen und genau sein
4. Zuverlässigkeit
5. Bereit sein, ein (kalkulierbares) Risiko einzugehen
6. Respektvoll sein gegenüber allen Spendern

Dazu einige veranschaulichende Worte:

1. Stolz sein

Durch unsere Bemühungen und unsere Anstrengungen lassen wir gute Arbeit möglich werden. Wir geben Menschen die Möglichkeit, sich (ehrenamtlich) zu engagieren und unterstützen sie dabei, diese Welt zu einer besseren zu machen. Wir stehen dabei auch für das Fundraising an sich ein und setzen uns dafür ein, diesen Beruf bekannt zu machen. Das Wichtigste bei diesen Punkten ist nach Ken Burnett allerdings, dass „wir es mit der Hand auf dem Herzen tun".

2. Leidenschaftlich an die Gute Sache glauben

Sie glauben voller Leidenschaft an Ihre Gute Sache, da Sie auch andere Menschen für sie begeistern wollen. Wenn Sie sich schämen und genieren, dies auch in der Öffentlichkeit zu zeigen, dann haben Sie den falschen Job.

3. Ehrlich, offen und genau sein

Spender erwarten diese drei Eigenschaften in erster Linie von uns – und das zu Recht! Ja, sie haben ein Recht darauf! Das Schöne daran ist, dass die Spendenden Ihnen genauso ehrlich, offen und genau gegenübertreten werden. Mehr als in vielen anderen Berufen wird dem vertraut, was wir Fundraiser sagen. Die Spender verlassen sich auf uns!

4. Zuverlässigkeit

Es ist enorm wichtig, Zusagen einzuhalten. Lassen Sie Ihre Spender spüren, dass Sie ehrenhaft und zuverlässig sind. Stehen Sie für die Mission Ihrer Organisation ein!

5. Bereit sein, ein (kalkulierbares) Risiko einzugehen

Wir denken oftmals, dass es schlecht ist, ein gewisses Risiko einzugehen: Auf Sicherheit zu setzen, das sei gut. Anders zu sein sei falsch, das Gleiche zu machen und zu sein wie alle anderen sei richtig. Ja, vielleicht bevorzugen die Menschen lieber Imitation statt Innovation. Aber nur, wenn wir uns trauen, ein berechenbares, gut abgeschätztes Risiko einzugehen, kann ein richtig großer Durchbruch geschehen.

6. Respektvoll sein gegenüber allen Spendern

Respekt ist das, was alle Spendenden von uns zu Recht von Anfang an erwarten. Wenn wir Spendenbriefe schreiben, stellen wir uns immer vor, dass wir an unsere Mutter schreiben. Wenn wir Vorträge halten oder Seminare geben, stellen wir uns immer eine Gruppe von unseren Spendern mit im Raum vor, die ganz genau zuhören, welche Vorgehensweisen wir haben. Irritiert sind sie dabei nicht und bekommen auch kein unbehagliches Gefühl. Respektvoll sprechen wir über unsere Spender natürlich auch in Gesprächen mit unseren Kollegen innerhalb der Organisation.

Neben diesen vorgestellten Kompetenzen besitzen Fundraiser folgende Fähigkeiten, um ihren Job gut machen zu können:

- **Schreiben:** Täglich haben Fundraiser mit Texten zu tun. Sie schreiben Briefe, Stiftungsanträge oder Pressemeldungen; sie erstellen Texte für Flyer, Plakate und die Einladungskarte zum Event. Projektberichte, Evaluationen und Konzepte gehören ebenfalls zu den Textarten, die Fundraiser beschäftigen. Eine klare Kommunikation im geschriebenen Wort ist eine wichtige Stärke, die Fundraiser besitzen.
- **Sprechen:** Die klare Kommunikation ist auch im Gespräch wichtig – und davon führen Fundraiser jeden Tag viele. Wer sich mündlich gut ausdrücken kann, ist klar im Vorteil: Die Menschen erhalten komplizierte Informationen verständlich aufbereitet, verstehen auf Anhieb und haben Freude beim Zuhören.
- Neben Einzelgesprächen mit Spendern können auch Auftritte in der Öffentlichkeit zur Aufgabe eines Fundraisers gehören: Interviews mit Radio, Fernsehen oder Zeitung, Teilnahme an Diskussionsrunden, Vorträge über das Projekt.
- Fest steht: Was Sie sagen und wie Sie es sagen wird mit entscheiden, was letztendlich unterm Strich steht.

- **Organisieren:** Fundraiser mit organisatorischen Fähigkeiten können ihren Job viel einfacher erledigen als andere. Eine Vielzahl diverser Aufgaben möchte täglich bearbeitet werden, die dafür Prioritäten erhalten müssen. Ziele wollen gesetzt und Zeitschienen definiert werden. Menschen werden koordiniert und Material wird organisiert.
- **Recherchieren:** Eine natürliche Neugierde ist für die Arbeit als Fundraiser von Vorteil. Diese hilft bei der Suche nach Informationen rund um die eigene Gute Sache, beim Beobachten des Fundraising-Marktes oder beim Filtern der öffentlichen Meinungen zu einem bestimmten Thema.
- **Leiten:** Fundraiser sind qualifiziert in der Personalführung. Ob haupt- oder ehrenamtliche Mitarbeiter, sie werden von uns Fundraisern motiviert, gelobt, gefördert, gelenkt und gecoacht, damit sie ihre Aufgaben so gut wie möglich erledigen können.

Übrigens: Es gibt weiterhin zu wenig professionelle und gute Fundraiser für den großen Bedarf auf dem Markt. Daher sind vielleicht auch Sie gut beraten, jemandem aus Ihrer Organisation die Möglichkeit einer Ausbildung im Fundraising zu bieten.

4.5 Ein gutes Vorstands-Team

Organisationen achten darauf, dass sie Menschen mit unterschiedlichen Qualifikationen auch im Vorstand haben. Nur so können diese optimal das Fundraising unterstützen und zur konsequenten Durchführung beitragen. Wichtigste Erfahrungsschätze sind dabei in einem Vorstands-Team zum Beispiel die Kompetenzen und Erfahrungen von

- Verkäufer/in
- Fundraiser/in
- Pressearbeiter/in
- Politiker/in
- Geschäftsfrau/mann

Arbeiten Sie daran, dass es für jedes Vorstandsmitglied eine Stellenbeschreibung gibt, auch wenn diese kurz und knapp ist. Eine solche „Job description" enthält unter anderem ganz konkrete Ziele und Aufgaben zur Unterstützung des Fundraisings. Stellenbeschreibungen für Vorstände in den USA enthalten oftmals sogar die Summe der Spendengelder, die das jeweilige Vorstandsmitglied im Wirtschaftsjahr zum großen Ganzen beitragen wird, besiegelt mit der Unterschrift. Trauen Sie sich das zu?

Überall finden wir Ziele innerhalb unserer Organisation: für das nächste Event, die Pressekonferenz, den Spendenbrief oder für jeden einzelnen Mitarbeiter. Warum also sollten Vorstandsmitglieder ziellos die Gute Sache unterstützen?

4.6 Aufgaben der Vorstände im Fundraising

Alle Mitwirkenden in einer Organisation haben klar definierte Aufgaben: die Angestellten, der Fundraiser, die Vorstände und alle anderen ehrenamtlich Aktiven. In diesem Kapitel widmen wir uns den Aufgaben speziell der Vorstände zur Unterstützung des Fundraisings. Außerdem wird skizziert, wie (hauptamtliche) Fundraiser die Vorstände in ihren Fundraising-Aufgaben unterstützen. In Kapitel 4.19 erfahren Sie, wie die Einbindung weiterer Ehrenamtlicher in die Fundraising-Praxis funktioniert.

Zunächst ist es für Hauptamtliche und Vorstände wichtig, die Schnittstellen der Aufgabengebiete zu eruieren und die Zusammenarbeit zu definieren. Sprechen Sie offen darüber und legen Sie Kompetenzen fest. Bitte beachten Sie allerdings: Der Spendenbrief wird erfolgreicher sein, wenn der ausgebildete Fundraiser ihn schreibt, anstatt dass Vorstände anfangen, große Änderungen daran vorzunehmen – auch wenn Sie als Vorstandsmitglied den Brief letztendlich unterschreiben. Vertrauen Sie bei der Formulierung dem Fachmann. Auch die Koordinierung und Auswahl der besten Fundraising-Instrumente wird diesem überlassen. Vorstände dagegen verbreiten in erster Linie Botschaften der Organisation, stellen Kontakte zu Einzelpersonen und Netzwerken her und pflegen Beziehungen zu den wichtigsten Unterstützern.

Aufgaben der Vorstände

Die amerikanischen Kollegen nutzen gerne folgendes Sprichwort, wenn über Aufgaben der Vorstände gesprochen wird: „Get, give, or go!" Es beschreibt die Aufgaben eines jeden Vorstandsmitgliedes im Fundraising: Helfen Sie, Spenden zu bekommen, spenden Sie selber oder verlassen Sie Ihren Vorstandsposten. Dass Sie selber natürlich zu den ersten Spendern gehören, haben wir bereits gelernt. Im Folgenden beschäftigen wir uns nun also damit, wie Vorstände helfen können, dass die Organisation zu mehr Spenden kommt. Dabei gibt es zunächst grundlegende Aufgaben, die den Boden für das Fundraising bereiten:

Institution sauber und legal halten: Das ist die wichtigste Aufgabe der Vorstände. Sie haften auch persönlich, darum ist es umso wichtiger, den Überblick zu behalten und die Institution fern von der Schmuddelecke zu halten.

Die Zukunft der Organisation definieren: Welche Projekte und Ziele stehen in diesem Jahr an, welche in drei und fünf Jahren? Es tut jeder Institution gut, wenn Vorstände einen klaren Plan haben, der die nahe und ferne Zukunft der Organisation beschreibt. Das dient allen Mitarbeitenden als Orientierung und zur Ausrichtung ihrer Arbeit.

Verbindung zwischen Gemeinschaft und Organisation: Ehrenamtliche Vorstände agieren als Bindeglied zwischen den Menschen außerhalb der Organisation sowie den Zielen und Visionen eben dieser. Die Vorstände personifizieren die Gute Sache in vorderster Reihe.

Speziell im Fundraising übernehmen Vorstände darüber hinaus weitere Aufgaben. Doch dafür ist es zunächst einmal unbedingt notwendig, dass Sie, liebe Vorstandsfrauen und Vorstandsmänner, voll und ganz hinter den Fundraising-Bemühungen Ihrer Organisation stehen. Ich hoffe, dass ich Ihnen bis hierher Lust aufs Fundraising gemacht habe. Dann werden auch Sie gerne eine spezielle Aufgabe im Fundraising wahrnehmen. Diese kann sein:

- Botschafter
- Türöffner
- Kontakthalter
- Inspirator

Botschafter verbreiten Botschaften. Sie sind in verschiedenen gesellschaftlichen Gruppen aktiv und anerkannt und berichten in erster Linie über die Organisation als Ganzes, darüber hinaus auch gerne über spezielle Projekte. Sie können spannende und inspirierende Geschichten erzählen sowie über Erfolge und Herausforderungen berichten. Sie helfen, Botschafter oder potenzielle Spender zu identifizieren, und führen auch Beziehungen mit Förderern – dazu gehört vor allem auch der kreative, überraschende Dank an einzelne Spender.

Türöffner verfügen über ein ausgedehntes Netzwerk. Dieses nutzen sie, um Ratschläge von persönlich bekannten Experten einzuholen oder von jemandem, an den sie durch ihr starkes Netzwerk vermittelt werden. Im Vordergrund steht der Nutzen der persönlichen Kontakte, die der Organisation auf der einen oder anderen Weise weiterhelfen können.

Kontakthalter arbeiten direkt mit Förderern zusammen und geben ihnen Informationen weiter. Sie führen Beziehungen mit Spendern, die über bestimmte Projekte auf dem Laufenden gehalten werden wollen. Darüber hinaus danken Kontakthalter auf kreative Art und Weise dem Spendenden – so persönlich wie irgendwie möglich.

Inspiratoren inspirieren! Mit ihrer Energie und ihrem Enthusiasmus schaffen sie es leicht, andere Menschen zu begeistern und für die Gute Sache zu gewinnen. Ihnen fällt es ebenso leicht, Dritte auch ganz direkt um eine Spende zu bitten.

Das sind die wichtigsten Aufgaben für Vorstandsmitglieder im Fundraising. Eines verbindet alle Aufgaben miteinander: Sprechen Sie bei jeder guten Gelegenheit über Ihre Organisation, über Ihre Vision und Ihr Leitbild. Haben Sie Ihren *Elevator-Speech* (siehe Aufgabe in Kapitel 3.1 „Auf Vision und Leitbild kommt es an") parat und seien Sie in der Lage, diesen innerhalb weniger Sekunden auf eine komplett andere Person anzupassen. Halten Sie sich darüber hinaus gut über die Arbeit Ihrer Organisation und einzelne Projekte informiert. Dabei ist es allerdings wichtiger zu wissen, wo Sie welche Informationen erhalten können, statt sich mit Details zu überladen. Weiterhin ist Ihnen klar, an welchen Fundraiser oder Mitarbeiter der Organisation Sie den Interessenten mit einer speziellen Frage vermitteln können.

Darüber hinaus entwickeln Sie ein besonderes Interesse auf einem speziellen Gebiet der Fundraising-Aufgaben Ihrer Organisation. Sie können zum Beispiel besonderes Interesse für das Großspenden-Fundraising entwickeln und somit dazu beitragen, dass dieses von Ihrer Organisation als sehr wichtig eingestuft wird.

Zur Aufgabe eines jeden Vorstandsmitgliedes gehört natürlich auch, die kritische Frage zu stellen: Ist genug Geld unterm Strich da? Dies bezieht sich auf die Organisation als Ganzes, aber auch auf einzelne Fundraising-Instrumente. Es gibt Tendenzen in den Organisationen, dass Dinge gemacht werden, die einfach toll oder schön sind, oder weil alle anderen sie jetzt machen. Hinterfragt wird dann zu selten, ob die eine oder andere Fundraising-Bemühung die Organisation auch wirklich dem großen Ziel näher bringt.

Aufgaben der (hauptamtlichen) Fundraiser

Die wichtigsten Aufgaben eines hauptamtlichen Fundraisers ergeben sich aus der Definition der quantitativen und qualitativen Ziele sowie der Auswahl der Fundraising-Instrumente. In der Zusammenarbeit mit Vorständen sorgt er darüber hinaus dafür, die Beteiligung genau dieser am Fundraising zu fördern. Dazu gehören folgende Kernaufgaben:

Verschiedenste Unterstützungs-Möglichkeiten anbieten: Fragen Sie Ihre Vorstände, wie sie die Beziehungsgestaltung zu wichtigen Förderern unterstützen können und wollen. Haben Sie auch verschiedene Angebote parat, wie sich die Vorstandsfrauen und -männer einbringen können. Bedenken Sie dabei immer die unterschiedlichen Fähigkeiten, die Vorstände mitbringen, und setzen Sie diese zum besten Nutzen für die Gute Sache ein.

Zuhören: Unseren Vorständen hören wir sehr genau und aktiv zu. Dabei finden wir heraus, welches ihre Stärken sind und wie wir diese gewinnbringend für unser Fundraising einsetzen können. Wir prüfen immer, wie wir ihre Ratschläge in unsere Praxis übernehmen können, und geben ihnen aktiv Feedback zu ihren Verbesserungsvorschlägen.

Vorstände „gewinnen" lassen: Erfolg tut allen gut. Bieten Sie Ihren Vorstandsfrauen und -männern Gelegenheiten, bei denen sie sich vom Erfolg des Fundraisings ganz direkt und live vor Ort überzeugen können: das nächste aussichtsreiche Gespräch mit einem Großspender oder die Verkündung des Spendenergebnisses beim Fundraising-Event.

Prioritäten festlegen: Da verschiedene Aufgaben der Vorstände bereits definiert sind, unterstützen wir unsere Vorstandsmitglieder darin, Prioritäten festzulegen: Welche Tätigkeit wird von welchem Vorstandsmitglied als Erstes, Zweites, Drittes ausgeführt.

So viel zu den verschiedenen Aufgaben der Vorstandsmitglieder und der (hauptamtlichen) Fundraiser. Ein Tipp noch, um gegenseitige Erwartungen und Aufgaben klar zu definieren: Fragen Sie! Erarbeiten Sie gemeinsam mit Vorstandskollegen, hauptamtlicher Geschäftsführung und Mitarbeitern, welche Aufgabe welches Vorstandsmitglied übernimmt und welche Aufgaben der Fundraiser übernehmen soll.

4.7 Begeistern und Inspirieren

Um Ihnen diese beiden Kernthemen des Fundraisings näher zu bringen, lade ich Sie zu zwei kleinen Ausflügen in die Welt der Vereinssitzungen und Vorträge ein.

Ist Ihnen so etwas schon einmal passiert? Der Kassenwart präsentiert den Jahresabschluss; das macht er locker und leicht verständlich, gefühlt sehr schnell ist der nächste Tagesordnungspunkt an der Reihe.

Vielleicht kennen Sie aber auch das: In der Stadt soll ein interessanter Vortrag zu einem spannenden Thema stattfinden. Sie machen sich auf den Weg, bekommen noch einen guten Platz und sind glücklich und froh, dort sein zu können. Der Redner beginnt, und nach den ersten Minuten stellen Sie fest, dass es ein Fehler war, hierherzukommen. Die piepsige Stimme des Redners nervt, die Inhalte sind langweilig vorgetragen, die verbleibende Zeit kriecht nur so dahin ...

Ein Vortrag ist gut, wenn er die Zuhörenden begeistert und sie inspiriert. Menschen, die einem anderen zuhören, wollen natürlich auch Neues erfahren und ihren Wissensschatz erweitern. Allerdings gelingt dies nur dann, wenn der Vortragende die Inhalte für die Zuhörenden verständlich und mit Freunde darstellt und er sie dort abholt, wo sie sind. Das ist bei allen Vorträgen so, ob bei der Präsentation des letzten Jahresabschlusses oder dem Reisebericht für Freunde. Verlieren Sie sich in Details, werden vermutlich bald alle Zuhörenden eingeschlafen sein. Lesen Sie Ihre eigentlich witzigen Anekdoten des letzten Aktivurlaubs vom Papier ab, wird er schnell wirken wie fünf Wochen gefesselt auf Balkonien.

Grundvoraussetzung für Menschen, die andere von etwas begeistern möchten, ist, dass sie selber voller Begeisterung für die Sache sind. Das bedeutet für Ihr Fundraising, dass *Sie* davon begeistert sind, dass viele Menschen Verantwortung für Ihre Gute Sache übernehmen. Wenn Sie allerdings versuchen, Ihre potenziellen Unterstützer mit Detailinformationen (für ein bestimmtes Projekt) zu gewinnen, werden Sie scheitern. Es geht vielmehr darum, Menschen vielleicht mit einer packenden Geschichte zu begeistern und sie so zu motivieren, in eine Verbesserung dieser Welt zu investieren. Diese Investition wird möglich, weil die von uns angeboten Projekte die Menschen inspirieren.

Können *Sie* begeistern und inspirieren? Können Sie mitreißende Reden halten oder packende Geschichten erzählen? Sind Sie Überzeugungstäter und stehen voller Begeisterung hinter der Guten Sache Ihrer Organisation? Dann haben Sie beste Voraussetzungen, selber im Fundraising Ihrer Organisation eine herausragende Rolle zu übernehmen. Die Wichtigkeit der eigenen Begeisterung unterstreicht auch der US-amerikanische Schriftsteller und Motivationstrainer Dale Carnegie: „Ehrliche, herzliche Begeisterung ist einer der wirksamsten Erfolgsfaktoren." Ein weiterer US-Amerikaner, der Autor und Theologe Norman Vincent Peale, geht in seinem Buch „Die Kraft positiven Denkens" noch einen Schritt weiter: „Begeisterung erhebt das Leben über das Alltägliche hinaus und verleiht ihm erst einen Sinn." Viele Menschen entdecken in ihrem Engagement für eine Gute Sache ihre Begeisterung und damit einen Sinn ihres Lebens: für andere da sein, die ihre Hilfe und Unterstützung brauchen.

Begeisterung ist auch der Raum, den Inspirationen brauchen, und diese können geweckt werden durch Geschichten. Die Vorstellungskraft läuft auf Hochtouren, der innere Film beginnt, die Bilder rasen durch den Kopf. Emotionen werden spürbar: kalt, heiß, schweißnass, Schauer – Kinder lachen, Wolken bilden Figuren: ein blauer Elefant und der große Wagen. Merken Sie, dass Sie auf dem Weg sind in eine abstrakte, phantasievolle Geschichte?

Die wirklich wahren Geschichten, die wir zu erzählen haben, werden Spender und potenzielle Unterstützer begeistern und inspirieren. So werden sie teilhaben wollen an der Guten Sache – und wir bereiten ihnen dafür die besten Voraussetzungen.

4.8 Fundraising-Instrumente

Kommen Ihnen diese Aussagen vielleicht bekannt vor: „Das Unternehmen ABC hat doch Geld – die sollten wir mal fragen!" oder „Wie heißt noch mal der Stadtbekannte aus dem Fahrstuhl? Der ist reich! Der kann uns bestimmt was spenden!" oder „Lasst uns einen Spendenbrief an alle Menschen der Stadt schicken."?

Wenn sich Vereinsmitglieder oder Mitarbeiter in Vereinen, Gemeinden und Organisationen über den Bedarf finanzieller Unterstützung Gedanken machen, stehen auf der Hitliste ganz oben: Firmenspenden, Großspenden-Fundraising und Mailings. Dabei gibt es eine Vielzahl von Instrumenten, die im Fundraising-Mix eine wichtige Rolle spielen.

Die am häufigsten eingesetzten Fundraising-Instrumente werden im Folgenden kurz skizziert, aufgelistet in alphabetischer Reihenfolge. Bitte erwarten Sie hier keine komplette Ausformulierung zum Beispiel aller Vor- und Nachteile eines Instrumentes. Darüber werden ganze Bücher geschrieben, von denen ich Ihnen einige im Anhang empfehlen möchte.

Im Anschluss an die Auflistung der aktuell wichtigsten Fundraising-Instrumente gibt es ein kurzes Beispiel, wie die Wahl für oder gegen ein bestimmtes Fundraising-Instrument getroffen werden kann.

Ehrenamt

- Spenderinnen und Spender werden animiert, auch über ihre finanzielle Hilfe hinaus etwas für die Gute Sache zu tun (z.B. Flyer auslegen, Flohmarkt veranstalten, im Büro mithelfen etc.).
- Vorteil: Netzwerk und Kompetenzen der Organisation werden vergrößert; eine Gruppe von Helfern steht zur Verfügung.
- Nachteil: Ehrenamtliche entscheiden selber, was sie wie, wann und wo tun.
- Für Ihre Praxis: Entwickeln Sie verschiedene Angebote für ehrenamtliches Engagement, benennen Sie einen zuständigen Mitarbeiter zum Ehrenamt-Koordinator und befolgen Sie die Schritte aus Kapitel 4.19 „Ehrenamtliche im Fundraising".

Firmenspenden

- Firmen spenden für ein bestimmtes Projekt (ohne Gegenleistung des Empfängers) oder treten als Sponsor auf (mit Gegenleistung des Empfängers).
- Vorteil: Firmen, die spenden, werden in den meisten Fällen auch öffentlich darüber reden (Achtung, das kann auch ein Nachteil für Sie sein!). Darüber hinaus können wirkliche Partnerschaften zwischen Unternehmen und Organisation sehr gewinnbringend für beide Seiten sein.
- Nachteil: Schlechte Schlagzeilen für die eine oder andere Seite färben auf die jeweils andere Seite ab.
- Für Ihre Praxis: Bitten Sie lokale Unternehmen um Unterstützung und fragen Sie nach Kooperationen. Welche Unternehmer kennt der Firmeninhaber sonst noch, die ebenfalls helfen könnten?

Geldauflagen-Marketing

- Richter und Staatsanwälte können Verfahren gegen Verhängung von Geld- und Arbeitsauflagen einstellen. In den Genuss dieser Zahlungen oder zu leistenden Arbeitsstunden können auch gemeinnützige Organisationen kommen.
- Vorteil: Teilweise müssen Bußgelder in vier- bis fünfstelliger Höhe gezahlt werden. Diese zu empfangen, ist ein Segen.
- Nachteil: Um als Organisation berechtigt zu sein, Geldauflagen empfangen zu dürfen, muss diese sich bei jedem einzelnen Gericht in die spezielle Geldauflagenliste eintragen lassen. Darüber hinaus wird dieser Acker bereits von vielen bestellt; außerdem sind Richter und Staatsanwälte angehalten, auch die Staatskasse mit Geldauflagen zu füllen.
- Für Ihre Praxis: Informieren Sie sich im Internet über dieses Thema (siehe Anhang) und lassen Sie sich in den Ihnen umliegenden Gerichten in die dafür vorgesehene Liste eintragen.

Großspenden-Fundraising

- Großspenden-Fundraising ist die individuelle Zusammenarbeit mit Menschen, die potenziell eine Spende geben können, die von der Organisation als groß definiert ist.
- Ein Vollzeitbeschäftigter kann mit bis zu 150 Personen individuell zusammenarbeiten.
- Vorteil: Es kann sehr große Spenden geben, und es macht sehr viel Spaß, mit Menschen in Kontakt zu kommen, die ein großes Stückchen dazu beitragen können, diese Welt besser zu machen.

- Nachteil: Bis es zu einer wirklich großen Spende kommt, können Monate oder gar Jahre vergehen, in denen Sie in die individuelle Beziehungsarbeit investieren, obgleich keine Spenden erfolgen. Darüber hinaus ist das Risiko auch groß, am Ende doch ohne Spende dazustehen.
- Für Ihre Praxis: Beachten Sie insbesondere die Kapitel zur individuellen Zusammenarbeit in diesem Buch!

Legate-Marketing

- Slogan: Verantwortung übernehmen, auch über das eigene Leben hinaus!
- Beim Legate-Marketing geht es darum, Freunde und Förderer darauf hinzuweisen, dass die Organisation auch Vermächtnis-Empfängerin sein kann.
- Vorteil: Schon der kleine Teil eines Erbes in Form eines Vermächtnisses kann eine große Summe Geld sein, mit der feste Werte für die Gute Sache im Sinne des Erblassers bezahlt werden können.
- Nachteil: Das Thema wird noch zu oft mit Tod oder „Erbschleicherei" in Verbindung gebracht – dabei geht es um viel mehr: Verantwortung zu übernehmen und die Verteilung des Nachlasses einer vertrauensvollen Person zu überlassen.
- Für Ihre Praxis: Veröffentlichen Sie im Jahresbericht oder anderen Publikationen über erfolgreiche Beispiele: Welches Projekt konnte mithilfe eines Vermächtnisses umgesetzt werden?

Mailings

- Brief mit personalisiertem Anschreiben und Zahlschein sowie oft einem Informations-Flyer.
- Es ist immer noch das Instrument, durch das die meisten Spendengelder in Deutschland zustande kommen.
- Vorteil: Viele Personen können direkt informiert und um eine Spende gebeten werden.
- Nachteil: Bei einer großen Anzahl von Personen landet das Mailing unbeachtet im Müll.
- Für Ihre Praxis: Schicken Sie ruhig mal einen Brief an Ihre Unterstützer und bitten Sie aktiv um eine Spende. Am besten Sie geben konkrete Beträge an: Mit wie viel Euro kann was erreicht werden? Nutzen Sie auch alle Ihre Möglichkeiten, das Mailing so individuell wie möglich zu gestalten.

Online-Fundraising / Social Media

- Alle Möglichkeiten des Internets nutzen, um auf die Gute Sache aufmerksam zu machen, darüber zu berichten und Spendenmöglichkeiten anzubieten.
- Wichtige Stichwörter: Homepage mit direktem Spendenlink sowie diverse andere Möglichkeiten, die Organisation zu unterstützen; Online-Newsletter, GoogleAdWords, Facebook, Twitter, Blog, Podcast, helpedia.de, helpdirect.org, flickr.com und vieles andere mehr.
- Vorteil: Im Durchschnitt ist eine Online-Spende höher als eine konventionelle Spende. Darüber hinaus bietet das Web 2.0 schier unendliche Möglichkeiten, Menschen zu vernetzen und unsere Gute Sache ins Gespräch zu bringen.

- Nachteil: Sehr schnelllebiges Geschäft und weiterhin großes Misstrauen in der Bevölkerung, Kontodaten im Internet zu hinterlassen.
- Für Ihre Praxis: Unbedingt auf Homepage auffällige Spendenmöglichkeit platzieren, E-Mail-Newsletter starten und kostenlose Möglichkeiten nutzen (siehe Stichworte), um auf Ihre Projekte aufmerksam zu machen.

Stiftungs-Kooperationen

- Beziehungen mit Stiftungen eingehen und Finanzierungsanträge für Projekte stellen, die zur jeweiligen Satzung der Stiftung passen.
- Vorteil: Je nach Stiftung hohe Förderung möglich.
- Nachteil: Manche Stiftungen wollen bis auf den Cent genau (und mit Belegen) den Nachweis des Einsatzes der Gelder überprüfen und erstatten somit erst nach Ausgabe für das Projekt die Kosten.
- Für Ihre Praxis: Prüfen Sie, zu welchen Stiftungen der Zweck Ihrer Organisation passt, und bitten Sie um Unterstützung! Denken Sie daran: Stiftungen *müssen* ihr Geld für Gute Sachen ausgeben.

Veranstaltungen

- Sie bieten eine gute Gelegenheit, um mit Förderern ins Gespräch zu kommen oder ihnen eine Freude zu bereiten
- Vorteil: Viele Menschen registrieren, dass sie keiner anonymen Organisation helfen sondern diese „anfassbar“ ist und Transparenz zeigt.
- Nachteil: Je nach Veranstaltung ist der Zeitaufwand hoch, und oftmals werden die direkten Spendeneinnahmen dem Aufwand nicht gerecht.
- Für Ihre Praxis: Überlegen Sie, wie neben dem Spendensammeln bei der nächsten Veranstaltung auch Adressen gesammelt werden können.

Aufgabe: Ein richtiges Fundraising-Instrument finden

Mithilfe der SWOT-Analyse überprüfen wir, ob ein bestimmtes Fundraising-Instrument ein richtiges für die Organisation ist.

Im folgenden Beispiel überprüfen wir das Mailing, ob es ein starkes Instrument auch für Ihre Organisation ist. Wie wir schon gelernt haben, stellen wir bei der SWOT-Analyse viele Fragen und recherchieren die Antworten sehr genau.

Stärken/Schwächen:

- Haben wir ausreichend Adressen, die wir anschreiben können?
- Wer kann einen guten Text mit kurzen Sätzen, in verständlichen Worten und in bildhafter Sprache schreiben?
- Sind wir technisch in der Lage, den Brief zu personalisieren?
- Welche Spendenbeispiele liegen vor, die kommuniziert werden können?
- Welche positiven Beispiele gibt es, die mit einer Spende erreicht werden können?
- Wird der Unterzeichner des Briefes (Vorstandsmitglied?) diesen maßgeblich ändern wollen?
- Wie beschreiben wir das Projekt auf maximal einer halben DIN-A4-Seite?
- Welche Hemmungen haben wir, um direkt um eine Spende zu bitten?
- Wissen alle Beteiligten, was sie tun, wenn der Brief verschickt ist?

Chancen/Risiken:

- Welcher Zeitpunkt ist der beste, um das Mailing zu verschicken?
- Gibt es äußere Einflüsse, die den Erfolg des Mailings erhöhen können?
- Ist es *das* Kommunikationsmittel, das bei der Zielgruppe am meisten Akzeptanz hat?
- Was passiert, wenn wir kein Mailing schicken?
- Sind vergleichbare Organisationen bereits erfolgreich in der Mailingansprache vermutlich auch an unsere Spender?
- Gibt es Zeitpunkte, zu denen andere Organisationen die Briefkästen mit ihren Mailings fluten?
- Gibt es äußere Einflüsse, die den Erfolg des Mailings gefährden könnten?

Nach Beantwortung dieser Fragen – und gerne auch weiterer Fragen, die Sie sich überlegen – erstellen Sie eine SWOT-Matrix (↗ S. 66). Anhand dieser werden Sie beurteilen können, ob das Mailing auch wirklich ein richtiges Instrument für Ihre Gute Sache ist. Mit der gleichen Vorgehensweise können Sie jedes Fundraising-Instrument prüfen, ob es ein richtiges für Ihre Organisation ist.

4.9 Ein Konzept in sieben Schritten

Wir brauchen ein Werkzeug, um mit dem richtigen Fundraising-Instrument ein Konzept für die nächste Spendenaktion zu entwickeln oder ein anderes Projekt strategisch zu planen. Dafür gibt es das Sieben-Phasen-Modell. Einer der Experten dieses Instrumentes ist der Hamburger Marketing-Spezialist Wolfgang Kröber. Im „Handbuch" der Fundraising Akademie schreibt er dazu: „Das Sieben-Phasen-Modell systematischer Kommunikation bietet eine praxisnahe Anleitung für die Erarbeitung einer Fundraising-Konzeption mit besonderem Fokus auf der systematischen Marketing-Kommunikation. Das Modell kann für die Planung kleinerer und größerer Fundraising- oder Öffentlichkeitskampagnen genauso angewendet werden wie für ein umfassendes Gesamtkonzept für Nonprofit-Organisationen."

Das Sieben-Phasen-Modell wird an dieser Stelle nur in Kurzform skizziert. Wenn Sie mehr dazu lesen wollen, beachten Sie bitte die Tipps am Ende des Buches. Die Stichpunkte zu den einzelnen Phasen können Ihnen als Nachschlagewerk dienen, in das Sie auch im hektischen Alltag schnell einmal reinschauen können, um Schritt für Schritt bei der Planung vorzugehen.

Phase 1: Aufgabenstellung und Fragen

- Um was geht es eigentlich?
- Fragen stellen!
  - Was wollen wir ändern/machen?
  - Für wen wollen wir das tun?

- Warum soll es passieren?
- Wie wollen wir es machen?
- Wer kann es umsetzen?
- Welche Rahmenbedingungen liegen vor?
- Wer könnte es noch unterstützen?
- Warum können wir es besonders gut?
- Was könnte passieren?

... und viele andere Fragen stellen, ohne Grenzen im Kopf zu haben!

Phase 2: Antworten und Analysebilanz

- Die Fragen aus Phase 1 beantworten (gut recherchieren!)
- SWOT-Analyse für das Projekt erstellen – was sind die
  - Strengths = Stärken
  - Weaknesses = Schwächen
  - Opportunities = Chancen
  - Threats = Risiken

Phase 3: Zielsetzung

- Welche Marketing- oder Fundraising-Ziele sollen erreicht werden?
- SMARTe Ziele festlegen:

  S pezifisch

  M essbar

  A ttraktiv

  R ealistisch

  T erminiert

Phase 4: Strategie und Planung

- Wie wollen wir die Ziele erreichen?
- Welche Meilensteine sollen wann gesetzt werden?
- Welche Maßnahmen sollen wann durchgeführt werden?
- Zeitschiene erstellen

Phase 5: Kreation

- Maßnahmen vorbereiten, gestalten, texten
- Einheitliche Außendarstellung festlegen

Phase 6: Druck, Buchung, Realisation

- Maßnahmen umsetzen und herstellen

Phase 7: Kontrolle

- Wie wurden die Ziele erreicht?
- Welche Lern-Erfahrungen nehmen Sie mit?
- Wie lautet das Fazit des Projektes?
- Was muss beim nächsten Mal besser laufen?

Für die letzte Phase beachten Sie bitte auch das Kapitel 5.1 „Rückblickende Evaluation". Hier finden Sie weitere Hinweise und Tipps, wie Sie den Erfolg einer Aktion, eines Projektes oder eines Fundraising-Instrumentes evaluieren können.

4.10 Die richtigen Freunde

Beim Mailing-Instrument unseres Fundraising-Werkzeugkoffers gibt es folgende Weisheit: „Lieber ein schlechter Brief an die richtige Adresse als der optimale Brief an die falsche Adresse." Was ist nun aber eine richtige Adresse, was ist eine falsche Adresse? Und was sagt uns diese Weisheit überhaupt?

Es ist sehr entscheidend für den Fundraising-Erfolg, dass Sie sich die richtigen Freunde zur Unterstützung Ihrer Guten Sache suchen. Vergeuden Sie keine Zeit mit Menschen, die Ihnen von vorneherein sehr kritisch gegenüberstehen und eigentlich nur nach Ausreden suchen, nicht spenden zu *müssen*.

Lassen Sie uns eine Weile überlegen und schriftlich festhalten, welche Personen der Organisation bereits sehr nahe stehen. Die folgenden Fragen helfen Ihnen beim Brainstorming:

Aufgabe: Die richtigen Freunde finden

Machen Sie Brainstormings zu folgenden Fragen. Bitte beachten Sie dabei die Brainstorming-Regeln (Online-Tipp dazu im Anhang):

1. Mit wem steht unsere Organisation bereits in Kontakt oder in irgendeiner Verbindung?
2. Wer hat Interesse daran, dass wir die Gute Sache umsetzen?

3. Wer sind direkte Hilfsempfänger unserer Organisation, beziehungsweise gibt es Personen, die den Hilfsempfängern besonders nahe stehen?
4. Wen kennen wir sonst noch, der uns bereits in irgendeiner Form unterstützt hat?

Nachdem wir alle Personen, die uns bereits zum jetzigen Zeitpunkt mehr oder weniger nahe stehen, aufgelistet haben, bringen wir diese in eine logische Zuordnung. Diese wird gebildet aus drei Parametern. Erstens: Wie ist die Verbindung zur Person? Ist sie stark oder schwach? Zweitens: Welches Potenzial hat die Person? Kann sie mit 50 oder 5 000 Euro helfen? Drittens: Welches Interesse hat die Person an der Erreichung der Organisations-Ziele?

Die Parameter sind: Verbindung, Potenzial, Interesse. Im Englischen und in der Fachsprache werden diese im LAI-Prinzip zusammengefasst. Die Buchstaben kürzen die drei Parameter ab: Linkage, Ability, Interest.

In einem „Unterstützerkreis" werden die einzelnen Personengruppen der im Zentrum befindlichen Organisation zugeordnet. Drei Kreise um die Mitte herum verdeutlichen die Stärke der Verbindung einer Person oder Gruppe zum jetzigen Zeitpunkt mit der Organisation. Also: Personen mit einer sehr starken Verbindung zu uns und einem entsprechenden Vermögen bilden den innersten Kreis. Je schwächer die Verbindung ist und je geringer das Potenzial und das Interesse sind, dem Organisations-Ziel näher zu kommen, desto eher finden sie Platz in einem der äußeren zwei Kreise.
Wenn Sie Freunde für Ihre Gute Sache suchen, beginnen Sie, mit den in Ihrem

Unterstützerkreis bereits vorhandenen Personengruppen über Spenden und die Finanzierung über Dritte zu sprechen. Bei vielen Organisationen schlummert hier ein sehr großes Potenzial, das bisher noch zu häufig ungenutzt brach liegt. Einsteiger ins Fundraising wollen zunächst oft Fremde ansprechen – also Menschen die keinerlei Verbindung zur Organisation haben – und hoffen, dass diese helfen werden. Dass aber die Großeltern eines Kindes, das in unserem Krankenhaus erfolgreich behandelt wurde, ebenfalls zum jetzigen Unterstützerkreis gehören, übersehen sie zu oft.

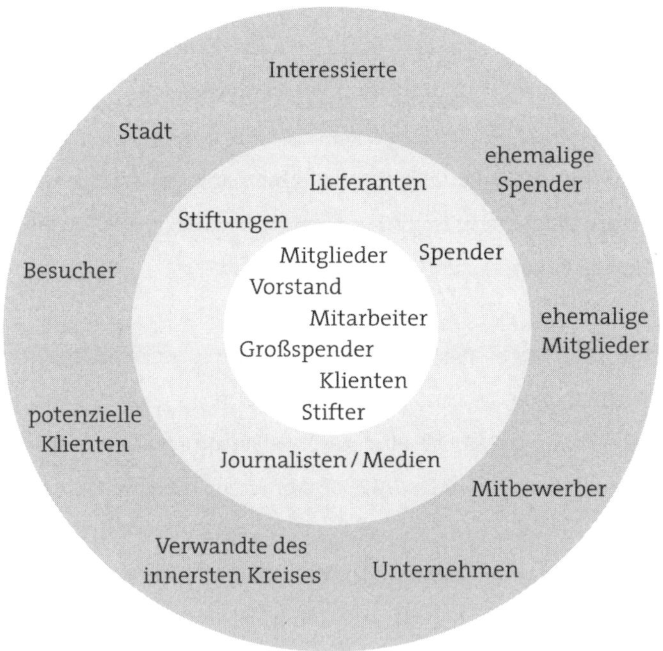

Abbildung 3: Unterstützerkreis

Wenn Sie irgendwann feststellen, dass das Potenzial Ihres Unterstützerkreises aufgebraucht ist beziehungsweise Sie ausreichend Geld haben, um einen Teil davon auch in die Vergrößerung des Unterkreises zu investieren, dann sprechen wir von Neuspendergewinnung.

Viele mittlere und große Organisationen setzen dabei weiterhin auf das Mailing. Eine Vielzahl von Menschen wird angeschrieben, die noch nie an die Organisation gespendet hat. Ein großer Erfolg bei solchen Mailings ist, wenn von 1 000 angeschriebenen Menschen 10 bis 20 reagieren, also eine Response von 1 bis 2 Prozent vorliegt. Es muss also zunächst ein sehr großer Geldbetrag in die Hand genommen werden, um neue Freunde zu gewinnen.

Es gibt zahlreiche Alternativen zur Neuspendergewinnung über das klassische Mailing: im Rahmen von Veranstaltungen, bei Mitmach-Aktionen oder im Online-Bereich. Eine wichtige Quelle für die Vergrößerung unseres Unterstützerkreises liefert uns ein weiteres Brainstorming:

5. Wer kennt jemanden, der jemanden kennt?

Schauen wir noch einmal in die Wirtschaft: Bei der Gewinnung neuer Kunden setzen Unternehmen immer mehr auf das Mundpropaganda-Marketing. Sie locken mit barem Geld oder anderen Geschenken, wenn wir ihnen nur jemanden weiterempfehlen, der ebenfalls ein Konto bei der Bank eröffnet, eine Zeitschrift abonniert, den Telefonanbieter wechselt etc. Auch wir haben begonnen, das Mundpropaganda-Marketing in unserer Fundraising-Praxis immer mitzubedenken. Die Empfehlung eines Freundes ist einfach viel mehr wert als jede andere

Art der Werbung. Wo sind also die Bonus-Programme der Organisationen, die ihre Freunde dafür belohnen, wenn sie zehn persönliche Bekannte empfehlen, die wir versuchen können, auf unsere Organisation aufmerksam zu machen?

Eine Studie der AG Spenden in Deutschland an der Universität Osnabrück unterstreicht noch einmal den Stellenwert der Mundpropaganda. Auf die Frage „Wie sind Sie auf Ihre [Spenden-]Organisation aufmerksam geworden?", antworteten von 2500 Befragten über 50 Prozent mit „durch einen direkten Kontakt" oder „durch die Empfehlung eines Freundes". Die Größe die Befragungsgruppe war sicherlich zu klein, um Statistiker mit dieser Studie zu überzeugen. Sie gibt uns dennoch einen Hinweis darauf, wie sich Menschen über etwas informieren: Sie bitten ihre Freunde um Rat und handeln gerne nach Empfehlungen von Menschen, die ihnen vertrauenswürdig erscheinen.

Noch einmal: Suchen Sie sich die *richtigen* Freunde und denken Sie zuerst immer an die Menschen, die Ihrer Organisation schon jetzt nahe stehen. Erst wenn Sie mit diesen Personengruppen alle Möglichkeiten ausgeschöpft haben, neue Freunde für die Gute Sache zu gewinnen, denken Sie an weitere Menschen und Gruppen, die Sie unterstützen können.

4.11 Im Mittelpunkt steht ein Spender

Die Betonung in der Überschrift zu diesem Kapitel liegt auf „ein" (beziehungsweise „eine" Spenderin)! Stellen Sie sich immer eine Person vor, wenn Sie etwas für eine Gruppe tun, also wenn Sie zum Beispiel einen Brief an Spender schreiben, für die Besucher vom Tag der offenen Tür ein interessantes Programm zusammenstellen oder einen Pressebericht für Journalisten beziehungsweise Zeitungsleser texten.

Seien Sie sich sicher: Hinter jeder Aktion, die Sie bei Menschen auslösen wollen, steht ein Individuum. Rund 80 Prozent aller Spenden in Deutschland kommen von einzelnen Frauen und Männern, die sich für Verbesserungen in dieser Welt einsetzen. Denken Sie also zuerst immer an diese *privaten* Unterstützer und stellen Sie immer *eine* Spenderin oder *einen* Spender in den Mittelpunkt Ihrer Fundraising-Bemühungen.

Nehmen wir als Beispiel das Mailing (Spendenbrief). Diese werden natürlich immer mit dem Namen des Spendenden begonnen. Wir unterlassen ein unpersönliches „Liebe Freunde" oder schlimmer noch „Sehr geehrte Damen und Herren". Aber allein der Schritt, die Briefe zu personalisieren, ist keine Garantie dafür, dass der Brief dann auch wirklich persönlich ist und den Spendenden dort abholt, wo er oder sie sich im Leben gerade befindet. Darum beantworten Sie sich folgende Fragen, bevor Sie den Brief schreiben:

- Warum unterstützt die Spenderin die Gute Sache?
- Wie viel gibt sie pro Monat oder im Jahr?
- Welche Projekte liegen ihr besonders am Herzen beziehungsweise sind besonders interessant für sie?
- Wie kann sie Ihnen über die finanziellen Beiträge hinaus helfen?
- Zu welchen Zeitpunkten können Sie die Spenderin mit etwas überraschen?

Was Sie im Fundraising auch tun, stellen Sie sich immer eine Person vor – also Max oder Annette –, mit der Sie kommunizieren, und stellen Sie diese in den Mittelpunkt – mit all ihren Werten, Wünschen, Vorstellungen und Vorlieben.

Wenn eine Person Ihrem Projekt finanziell unter die Arme greift und Mitverantwortung vielleicht auch im großen Stil übernehmen soll, seien Sie bereit, persönliche Beziehungen einzugehen und individuell mit ihnen zusammenzuarbeiten.

4.12 Beziehungen gestalten

Machen wir ein weiteres Experiment: Vergleichen Sie die Beziehungsgestaltung zwischen einem Unterstützer und Ihnen, als Vertreter der Organisation, mit der Beziehung zwischen Mann und Frau:

Er kommt in eine Bar, sieht eine attraktive Frau; die beiden kommen ins Gespräch. Sie geht gerne ins Kino, mag rote Rosen und Männer im Sakko. Nachdem sich beide zwei Stunden im Gespräch miteinander amüsiert haben, schafft er es, sie für ein zweites Treffen zu gewinnen. Und was glauben Sie, wie er das gemacht hat? Klar, die Frage nach einem gemeinsamen Kinobesuch hatte die größten Chancen auf Erfolg. Wie er am kommenden Kinoabend gekleidet sein wird und welche Blumen er ihr mitbringt, brauche ich an dieser Stelle, glaube ich, nicht mehr zu erwähnen ...

Was im obigen Beispiel passiert ist, können wir auch folgendermaßen betrachten: Er trifft sie, beide sind sich sympathisch. Sie kommen ins Gespräch und sammeln Informationen über den jeweils anderen. Diese Informationen werden eingesetzt, um die weitere Beziehung optimal zu gestalten. Das klingt in unseren Ohren vielleicht etwas platt, aber denken Sie mal einen Moment darüber nach. Wir nehmen doch laufend Informationen auf und sammeln sie, um sie später vielleicht für irgendetwas in unserem Leben einzusetzen!

Betrachten wir uns noch einmal eine Zweierbeziehung: Um dem anderen etwas Gutes zu tun, müssen wir herausfinden, was er oder sie gerne mal Gutes hätte. Um gemeinsam etwas umzusetzen, brauchen wir die Information, was er oder sie schon immer mal machen wollte. Wir sind also laufend am Informationensammeln, um Beziehungen zu gestalten. Beim ersten Date zwischen Mann und Frau geht es in der Folge darum, sie für ein zweites Date zu gewinnen. Der beste Weg dabei ist, eine gewonnene Information zu verarbeiten. In unserem Beispiel sind es sogar gleich drei Informationen: Hobby Kino, Vorliebe für Rosen und Männer im Sakko.

Die private Beziehungsgestaltung ist Vorbild für die Gestaltung der Beziehung zwischen Ihnen und einem Förderer der Organisation. Oftmals gehören zu den ersten Informationen, die dabei ausgetauscht werden: Organisation braucht Spenden – Förderer spendet – Organisation erhält Spende und dankt.

Wenn eine Person das erste Mal an Ihre Organisation spendet und der Dank erfolgte, kommt eine große Herausforderung auf Sie zu. Denn im Fundraising geht es eben um eine langfristige und nachhaltige Beziehung zum Förderer. Damit eine solche entstehen kann, ist der weitere Verlauf in Folge der ersten Spende immens wichtig. Wie werden Sie es schaffen, den neuen Freund an die Organisation zu binden und ihn auch zu einer weiteren Spende zu motivieren? Wenn jemand ein zweites Mal hilft, wird er es voraussichtlich auch öfter tun. Damit zeigt er auch, eine richtige Wahl mit Ihrer Organisation getroffen zu haben. Ihr Anliegen liegt auch ihm wirklich am Herzen. Das schaffen Sie durch die gute Pflege der Beziehung – so wie Sie es aus dem Privatbereich mit Freunden, Ihrem Partner oder Verwandten kennen.

Um mit neuen Freunden eine Beziehung zu gestalten und zu stärken, sind drei Aspekte besonders wichtig:

- Schnell und zügig danken
- Transparent und ehrlich sein
- Rückmeldungen einfordern

Schnell und zügig danken

Mit dem Dank beschäftigen wir uns ausführlich im Kapitel 4.17 – an dieser Stelle zunächst einmal zwei Anregungen dazu:

- jede Spende eines neuen Freundes wird bedankt, egal wie hoch der Geldbetrag ist
- größere Spenden werden noch schneller und auf besondere Weise bedankt – lassen Sie Ihrer Kreativität dabei freien Lauf!

Transparent und ehrlich sein

Sie brauchen sich nicht gleich beim Transparenz-Preis bewerben; aber dieses Ziel vor Augen zu haben, kann förderlich sein. Denn nur aus einer ehrlichen und offenen Beziehung kann Großes entstehen. Daher ist es sehr wichtig, dass Sie mit den Ihnen anvertrauten Geldern zu 100 Prozent transparent umgehen. Legen Sie Ihre Bücher offen und lassen Sie sich über die Schultern gucken!

Neben dem Umgang mit Geld üben Sie auch alle anderen Tätigkeiten so aus, dass Sie aufrichtig und ehrlich darüber berichten können. Jeder Spender erwartet von uns wirkliche Ergebnisse. Führen Sie Ihre Projekte also sauber und ordentlich durch – und berichten Sie darüber. Transparenz und Ehrlichkeit sind die Grundpfeiler einer guten Beziehung zwischen (Vertreter der) Organisation und Förderer. Nur so können Sie auch in Zukunft auf die Unterstützung Dritter zählen.

Rückmeldungen einfordern

Um die Beziehung zum Förderer zu pflegen und zu stärken, empfehle ich Ihnen ein weiteres Mal: Fragen Sie nach! Bitten Sie die Unterstützenden um Rückmeldungen zu Bereichen, in denen Sie zum Beispiel die Arbeit der Organisation verbessern wollen. Stellen Sie konkrete, geschlossene Fragen und geben Sie Möglichkeiten zur freien Meinungsäußerung zu einem bestimmten Projekt, dem neuen Flyer, Plakat oder einer Pressemeldung.

Sie lernen durch die Rückmeldungen der Unterstützenden sehr viel und können dadurch Ihre Arbeit verbessern. Darüber hinaus zeigen Sie dem Spender damit, wie wichtig er für die Organisation ist, und geben ihm das Gefühl, Teil des Ganzen zu sein.

Übrigens: Informationen, die Sie von Ihren Spendern erhalten, werden schriftlich festgehalten. Diese sammeln Sie, am besten in einer Datenbank. Nur so können Sie zu vielen Förderern eine individuelle Beziehung pflegen.

4.13 Individuelle Zusammenarbeit mit Spendern

Manche Fundraiser verstecken sich hinter ihren Schreibtischen. Von dort versuchen sie mit Mühe und Not, ein paar Zeilen zu tippen für einen Pressebericht, einen Flyer oder einen Brief. Dieser wird dann an so viele Menschen wie möglich geschickt, in der Hoffnung, dass viele Spenden zurückkommen. Oftmals bleibt es allerdings bei der Hoffnung ...

Fundraising ist Beziehungsarbeit, und diese funktioniert am besten auf der individuellen Ebene. Oder haben Sie schon einmal versucht, eine Gruppe von Männern (oder Frauen) zu heiraten? Aber genau so können wir uns die beste Beziehung im Fundraising vorstellen: Heiraten Sie jeden einzelnen Ihrer Spender, aber nicht als Gruppe, sondern individuell.

Wir haben bereits gelernt, dass im Großspenden-Fundraising die individuelle Zusammenarbeit mit Menschen im Vordergrund steht. Optimal wäre natürlich, wenn eine Organisation mit allen Unterstützern sehr individuell zusammenarbeiten könnte, denn: alle Unterstützer einer Organisation sind wichtig. Je mehr Spender wir allerdings für unsere Gute Sache bereits gewinnen konnten, desto eher stellen wir uns die Frage: Sind alle gleich wichtig? Und die Antwortet lautet: Ja. Und nein!

Wenige Spender, die viel geben, sind individueller zu betreuen als viele Spender, die wenig geben. Besonders kleine, lokale Organisationen haben hier oftmals einen Vorteil gegenüber bundesweit aktiven Fundraisern. Denn die Beziehungsarbeit mit einzelnen Menschen kann direkter im Mittelpunkt der Fundraising-Bemühungen stehen. Dabei orientieren wir uns an folgender Richtgröße: Ein Fundraiser, der sich in Vollzeit ausschließlich um die individuelle Zusammenarbeit mit Spendern kümmert, schafft dies mit etwa 150 Personen. Anhand dieser Richtgröße können Sie sich nun ausrechnen, mit wie vielen Personen Sie beziehungsweise Ihre Organisation individuell zusammenarbeiten kann und welche Jahres-Spendensumme „groß" für Ihre Organisation zu sein beginnt.

Legen Sie fest, wie viel Zeit von welchem ehren- oder hauptamtlichen Mitarbeiter für die individuelle Zusammenarbeit mit Spendern eingesetzt werden soll!

In den meisten Organisationen müssen in der individuellen Zusammenarbeit aufgrund der Anzahl an Spendern, Mitgliedern etc. Abstriche gemacht werden. Aus einer Gesamtanzahl von 5 000 oder 50 000 Unterstützern werden genau diejenigen identifiziert, mit denen auf der ganz individuellen Ebene zusammengearbeitet wird. Dabei gilt oft das einleuchtende Prinzip: von oben nach unten. Für den gutbetuchten Bürger aus Ihrer Stadt nehmen Sie sich dann unbedingt immer Zeit. Die Spender, die kein übermäßiges finanzielles Potenzial haben, dem Organisationsziel einen wirklich großen Schritt näher zu kommen, erhalten die regelmäßigen Informationsbriefe und werden ein bis zwei Mal im Jahr zu einer Veranstaltung eingeladen.

Wir sind wählerisch bei der Auswahl der Personen, mit denen individuell zusammengearbeitet wird. Denn jeder von uns hat nur 7 x 24 Stunden Zeit pro Woche! Besonders in gemeinnützigen Einrichtungen fällt dieser Schritt oft schwer, und so geht viel Zeit ins Land für die Kontaktpflege mit Menschen, die kein großes Potenzial haben. Ganz anders dagegen gehen in diesem Punkt zum Beispiel Banken bei der Betreuung ihrer Kunden vor: Klare Hierarchien und festgelegte Betragsgrenzen entscheiden, ob der Kunde vorne am Tresen bedient wird oder ob ihm beim Betreten der Bank sofort Kaffee angeboten wird und der Chef parat steht.

Auch wenn unsere Organisationen keine Banken sind, wir können uns hier wieder etwas aus der Wirtschaft abgucken und in unsere Fundraising-Praxis übernehmen. Von oben nach unten definieren wir unterschiedlich wichtige Unterstützergruppen und entwickeln für diese Konzepte, wie intensiv mit den einzelnen Spendern zusammengearbeitet wird. In einem Punkt können wir dann noch einen Unterschied zu vielen Banken machen: Wir sind auch den „Kleinspendern" gegenüber immer aufrichtig, ehrlich, freundlich und dankbar. Denn jeder einzelne Förderer trägt dazu bei, diese Welt ein Stückchen besser zu machen, und wir wissen am besten, welchen großen Unterschied auch eine 50-Euro-Spende bewirken kann.

Wie sieht die individuelle Zusammenarbeit aus?

Für die individuelle Zusammenarbeit mit Spendern kann uns der US-amerikanische Schriftsteller und Motivationstrainer Dale Carnegie einen Leitspruch geben: *„You'll have more fun and success when you stop trying to get what you want and start helping other people get what they want."* Was sich in der englischen Sprache klar und deutlich ausdrücken lässt, kann in der deutschen Sprache aus meiner Sicht nur kompliziert umschrieben werden: *Sie werden mehr Spaß und Erfolg haben, wenn Sie nicht mehr zu erreichen suchen, was Sie selbst wollen,* *sondern stattdessen damit beginnen, anderen Menschen dabei zu helfen, das zu erreichen, was sie wollen.*

Warum kann dieser Spruch ein Leitsatz für die individuelle Zusammenarbeit mit Spendern sein? Ganz einfach: weil wir **den Spender mit seinen Bedürfnissen in den Mittelpunkt unserer Fundraising-Bemühungen stellen**. Von dort aus inspiriert er uns zu neuen Gedanken, weiteren Projekten, günstigerer Umsetzung eines Bauvorhabens und so weiter.

Wenn Sie jetzt denken: Ja, bei uns sind Spender sehr wichtig und stehen natürlich im Mittelpunkt, machen Sie bitte einmal folgenden Test: In der nächsten internen Sitzung, bei der es auch um die Finanzierung eines Projektes geht, zählen Sie, wie oft das Wörtchen „wir" benutzt wird. Im Gegenzug zählen Sie auch, wie oft gesagt wird „unsere Spender" (beziehungsweise Förderer, Unterstützer, Freunde). Sie werden vermutlich feststellen, dass das Wörtchen „wir" haushoch gewinnen wird; dass *wir* uns also in den Mittelpunkt unserer Planungen und Gedanken stellen. Aus Fundraising-Sicht steht hier allerdings der Freund und Förderer, weil er es letztendlich ist, der das Vorhaben finanzieren wird.

Weiterhin wichtig für die individuelle Zusammenarbeit: **Wir haben keine Angst vor den Spendern!**

Haben Sie Angst vor ihnen? Nein? Das ist gut. Darf ich Ihnen dennoch einige Testfragen stellen: Haben Sie schon einmal Spendern Mitspracherecht bei einem Projekt eingeräumt? Haben Sie die Pläne für den Neubau mit Ihren wichtigsten fünf Freunden besprochen? Haben Sie Ihren besten Förderer gefragt, welches neue und innovative Projekt er gerne einmal realisieren würde, um die Welt zu verbessern?

Sehr oft höre ich Teilnehmer in meinen Fundraising-Seminaren sagen: „Wir entscheiden, was gemacht und wie es umgesetzt wird; vom Spender brauchen wir das Geld“ oder „Wir können doch dem Spender keine Mitsprache am Projekt einräumen, nachher wird er es noch ändern!“ Diese und ähnliche Aussagen sind eindeutige Indizien dafür, dass eine Angst vor dem Spender vorhanden ist. In der individuellen Zusammenarbeit mit Spendern legen wir diese allerdings ab! Wir brauchen keine Angst haben, denn die Spender wollen genau das Gleiche wie Sie: die Welt verbessern, mit sehr guten Projekten. Dabei ist es ratsam, diese Projekte mit Leuten zu besprechen, die existenziell wichtig für die Durchführung sind.

Nur ohne Angst können wir offen und ehrlich den Spender mit ins Boot holen, ja ihn sogar in den Mittelpunkt stellen und ihn nach seinen Bedürfnissen bezüglich des neuen Projektes fragen. Die amerikanische Fundraiserin und Autorin Barbara Ann Murray geht in ihrem Buch „How I raised a Million in a month“ sogar einen Schritt weiter: *„Nur wenn wir unseren Spendern helfen, ihre Träume zu erfüllen, werden sie auch helfen, unsere Träume zu erfüllen.“* Auch wenn Buchtitel und Zitat in unseren Ohren sehr amerikanisch, vielleicht auch übertrieben klingen ... lassen Sie es auf sich wirken und erinnern Sie sich in der Gestaltung der individuellen Beziehungsarbeit daran!

Von der individuellen Beziehungsarbeit ausgehend können alle Fundraising-Instrumente beeinflusst werden. Einen Brief, den Sie vielleicht an 100, 1000 oder 10 000 Menschen schicken, ist so persönlich für jeden Einzelnen wie nur irgend möglich, und auch beim Tag der offenen Tür ist jeder Besucher so wichtig, dass er mit persönlichem Handschlag begrüßt wird – und am besten auch mit Namen!

In jeder individuellen Beziehung mit einem Spender werden Sie diesen früher oder später auch persönlich treffen. Dies nehmen wir uns auch ganz aktiv vor: Wichtige Unterstützer *wollen* wir persönlich kennenlernen, denn nur so kann eine Beziehung wirklich persönlich werden. Auch richtig große Spenden werden nur wahr, indem wir Menschen von Angesicht zu Angesicht fragen.

Bevor Sie mit Spendern ins direkte Gespräch kommen, suchen Sie sich alle relevanten Informationen über die Person zusammen. Diese werden in einem Personenprofil zusammengestellt, eine wichtige Vorbereitung auf das Gespräch ist. Informationen, die darin enthalten sein sollten, sind:

- Name, Vorname, Alter
- Bereits Unterstützer bei uns? Wann war letzte Spende? Wie hoch?
- Falls noch keine Spende: Welche Verbindung besteht sonst zu unserer Organisation?
- Was wurde bereits besprochen?
- Welches Potenzial hat der Spender?
- Welche Interessen hat er?
- Für was hat er in der Vergangenheit gerne gespendet?
- Alle weiteren Informationen, die eine Verbindung herstellen lassen zwischen dem (potenziellen) Unterstützer und dem Gesprächspartner der Organisation.

Die Kenntnis aller wichtigen Informationen über den Gesprächspartner ist eine sehr gute Vorbereitung auf das Treffen. Nun können Sie beruhigt mit dem Spender in ein persönliches Gespräch kommen.

Übrigens: Auch im Internet lassen sich heutzutage viele Informationen über einzelne Personen finden. Suchen Sie zum Beispiel mal mit www.google.de nach Jan Uekermann. Ich bin gespannt, ob Sie herausfinden, was ich am 14. April 2010 gemacht habe ...

4.14 Das Gespräch mit dem Spender

Aus meiner Sicht zu den schönsten Aufgaben von uns Fundraisern gehören der Austausch und das Gespräch mit unseren Freunden und Förderern. Natürlich wissen diese, dass wir in Vertretung für die Gute Sache kommen und dafür finanziellen Bedarf haben. Dennoch gibt es wichtige Dinge, die besprochen werden, bevor wir um eine Spende bitten. Von unserer Seite aus geht es ganz zentral darum, Informationen an Emotionen zu knüpfen und diese darzustellen. Wir sprechen über unsere Vision und über Unterschiede und Verbesserungen, die durch unsere Projekte wahr werden. Viel wichtiger als selber erzählen ist aber, dass wir ganz aktiv zuhören! Wir stellen offene Fragen, damit der potenzielle Spender erzählen kann. Wir fragen, welche Motivation er hat, sich eventuell für unsere Organisation zu engagieren. Wir fragen nach Werten, Vorstellungen und Meinungen. Wir fragen nach Wünschen und Hoffnungen für eine bessere Welt.

In Deutschland ist gerade Geld ein Thema, über das ungern gesprochen wird – Studien und Experimente belegen dies (siehe Anhang). Obgleich es unsere Aufgabe ist, Geld zu thematisieren als Möglichkeit der Investition in unsere Projekte – wir respektieren aber auch, dass viele Menschen beim Thema Geld ein Gefühl des Unbehagens erschleicht.

Dennoch ist es Ihre Aufgabe und Pflicht, für die guten Projekte Ihrer Organisation finanzielle Mittel zu generieren. Dabei wird es vorkommen, dass Sie das Ziel einer Spendenbitte aktiv verfolgen. Davor brauchen Sie allerdings keine

Zurückhaltung zu haben, denn letztendlich weiß der potenzielle Spender von Anfang an, dass es irgendwann im Gespräch auch um Geld gehen wird. Das ist schließlich Ihr Job! Sie sind dafür verantwortlich, den Unterstützern der Organisation die Freude am Geben zu lehren!

In den folgenden zwei Kapiteln widmen wir uns den wichtigsten Themen im Gespräch mit einem Spender noch ausführlicher.

4.15 Von Spendern lernen

Was macht die kleine Elke, wenn sie ein neues Fahrrad haben möchte? Sie könnte zu ihrem Opa gehen und ihn fragen, ob er ihr Geld dafür gibt. Das wird er vielleicht auch tun, zusammen mit guten Ratschlägen, wie sie das restliche Geld zusammenbekommt. Elke könnte ihren Opa allerdings auch fragen: „Was kann ich tun, um ein neues Fahrrad zu bekommen?" Und mit viel größerer Wahrscheinlichkeit wird Opa der kleinen Elke ein neues Fahrrad schenken ...

Was ist passiert? Wo liegt der Unterschied zwischen den beiden Vorgehensweisen? Und: was hat das schon wieder mit Fundraising zu tun?

Anstatt ihren Opa direkt um ein neues Fahrrad zu bitten, hat Elke auf den Erfahrungsschatz und die Ratschläge ihres Opas vertraut, wie sie zu einem neuen Fahrrad kommen kann. Damit zeigt sie ihrem Opa, dass sie selber etwas tun möchte, um ihrem Ziel näher zu kommen – mit seiner Unterstützung natürlich. Opa ist gerührt von Elkes Engagement und belohnt es mit dem Kauf des Fahrrads.

In der individuellen Beziehung mit einem Spender sind wir ebenfalls sehr an seinen Ratschlägen interessiert. Fragen Sie, wie er sich eine bessere Welt vorstellt. Wenn Sie dem potenziellen Unterstützer das aktuelle Projekt vorstellen, bitten Sie ihn um Rat, wo es verbessert werden kann. Könnte es günstiger zu machen sein? Kennt der Spender jemanden, der jemanden kennt, der mit Rat und/oder Tat helfen könnte?

Sie können auch ganz strategisch vorgehen und verschiedene Spender zu einer bestimmten Sache befragen, um das beste Ergebnis herauszubekommen. Die amerikanische Fundraising-Expertin Gail Perry nennt solche Gesprächs-Gelegenheiten *Advice Visits* – Beratungs-Besuche. Lassen Sie sich von Ihrem Spender beraten, involvieren Sie ihn in die Vorbereitungen des kommenden Projektes, indem er hilft, dieses so effizient wie nur möglich umzusetzen.

Lernen Sie jeden Tag aufs Neue von Ihren Spendern! Wichtig dabei ist, genau zuzuhören, wenn Sie Ihre Spender um Rat bitten. Den größten Redeanteil im Gespräch mit einem Spender hat eben genau dieser. Ihre Aufgabe ist es, aktiv zuzuhören, also am Ball zu bleiben, und die richtigen, offenen Fragen zu stellen, damit Sie viel über und von Ihren Spendern lernen.

4.16 Die Spendenbitte

Es ist ein Thema, das viele Schweißperlen entstehen lassen kann. Die potenzielle Spenderin sitzt dem Fundraiser gegenüber, und nun muss die Frage der Fragen gestellt werden. Es geht um Geld – vielleicht sogar um viel Geld!

In der Vorbereitung auf ein Spendergespräch ist es beruhigend zu wissen, dass die aktive Bitte um eine Spende nur etwa 5 Prozent der Gesprächszeit ausmacht – oftmals sogar weniger. Dennoch ist es fast immer einer der aufregendsten Momente im Leben eines Fundraisers: Könnten Sie mit 25 000 Euro helfen? Und dann warten, bis die Antwort kommt: Wird er Ja, Nein oder Vielleicht sagen?

Es gibt wenig bis keine Gründe, die direkte Bitte um Unterstützung, die Spendenbitte, zu scheuen, denn:

- Sie sprechen mit gutmütigen Menschen
- Es bestehen hohe Erfolgsaussichten
- Es gibt nur drei positive Antworten

Sie sprechen mit gutmütigen Menschen

Wenn Sie sich dazu entscheiden, persönlich eine Unterstützerin aufzusuchen und sie um Geld zu bitten, dann wissen Sie: Dieser Mensch gehört zu einer sehr sozial eingestellten Personengruppe. Ihr sind Werte wie Nächstenliebe, Verantwortung, Teilen wertvoll und wichtig. Freuen Sie sich also auf das Gespräch! Es wird Ihnen viel Freude bereiten, mit solchen Menschen zusammenarbeiten zu dürfen.

Als Ablauf für ein gutes und zielführendes Gespräch sind vier Phasen wichtig:

1. *Sich näher kommen*

Die erste Phase des Gespräches könnte auch als „Small Talk" bezeichnet werden. Sie kommen sich näher, lernen sich kennen, sprechen über Persönliches, Privates und das Wetter. Es geht in erster Linie darum, eine Vertrauensbasis aufzubauen, in der sich beide Gesprächspartner wohl fühlen, um dann zur nächsten Phase überzugehen.

2. *Erfolge, Rückschläge und Konkretes*

Es ist wichtig, mit Unterstützern Erfolge und Herausforderungen zu teilen, ebenso wie Hindernisse und Rückschläge. Die potenzielle Spenderin möchte wissen, was die Organisation bisher mit Spenden erreichen konnte und vor welchen Herausforderungen sie aktuell steht. Ein ausschlaggebender Erfolgsfaktor ist es, bereits an dieser Stelle über konkrete Projekte zu sprechen.

3. *Die Spendenbitte*

Eine Frage, die mir in Seminaren oft gestellt wird ist: „Sollen wir unseren Spender um einen konkreten Betrag bitten oder eher allgemein bleiben?" Darauf gibt es wie so oft im Fundraising die Antwort: „Es kommt darauf an." Wenn wir das Potenzial unseres Gesprächspartners bereits genau kennen oder schon im Vorfeld über bestimmte Spendenhöhen gesprochen wurde, bitten wir um einen ganz konkreten Spendenbetrag.
In den meisten Fällen können wir aber nur vermuten, mit welcher Spendenhöhe sich jemand für unsere Gute Sache einsetzen möchte. Dann ist es

ratsam, ein größeres Projekt in kleine Teile zu zerlegen und eine Liste, auch *Shopping-List* genannt, zu erstellen. Darin enthalten sind dann einzelne Kostenpunkte des Gesamtprojektes in verschiedenen Größen: Ein Teil kostet 800 Euro, ein anderes 4 000 und ein drittes 12 000 Euro. Mit dieser Liste ist es viel einfacher, konkret über Geld zu sprechen. Wir fragen: Wo schätzt der potenzielle Spender sich selber ein?
Eine Fundraising-Weisheit besagt: „Sie bekommen nur das, worum Sie bitten." Wenn Sie also konkrete Unterstützung benötigen, bitten Sie auch darum, damit Sie diese erhalten.

4. *Das Gespräch abschließen*
In der Endphase eines Gespräches geht es um verbindliche Absprachen für die nahe Zukunft. Wann wird das nächste Gespräch stattfinden? Wann werden weitere Informationen über das Projekt vorliegen? Wie geht es konkret weiter?

Aufgabe: Rollenspiel Spendergespräch

Übung macht den Meister – so auch in diesem Fall. Regen Sie bei der nächsten internen Sitzung mal ein Rollenspiel an. Denken Sie sich selber ein Szenario aus oder nutzen Sie das folgende, welches Sie gerne auch an Ihre Organisation anpassen können.

Szenario:
Für die Schule ABC soll eine neue Bibliothek angebaut werden. Das kostet 70 000 Euro. Die Kinder sollen in gemütlicher Atmosphäre eine große Auswahl an Büchern aller Art haben.

Der Fundraiser darf heute Frau Müller besuchen. Sie hat vor zwei Jahren schon einmal 30 000 Euro für die Schule gespendet, nun soll es ein Großteil der 70 000 Euro werden. Beim Gespräch ist auch die Tochter von Frau Müller dabei.

Rollenverteilungen:
Frau Martha Müller ist verwitwet und um die 80 Jahre alt. Sie hat drei Kinder und fünf Enkelkinder, die alle gut versorgt sind. In ihrem Haus wohnt sie alleine; Tochter Maria kümmert sich um ihre Finanzen.

Tochter Maria Müller-Meier ist Mitte 40, selbstständig, verheiratet, keine Kinder. Im Haus der Mutter hat sie auch ein kleines Büro, vermutlich um die Finanzen der Mutter zu verwalten.

Verteilen Sie die Rollen. Alle, die in diesem Rollenspiel Zuschauer sind, geben anschließend kritisches Feedback (bitte Feedback-Regeln beachten, Online-Tipp dazu im Anhang). Die Protagonisten bekommen einige Minuten Zeit zur Vorbereitung, und los geht's mit dem Rollenspiel. Viel Spaß!

Es bestehen hohe Erfolgsaussichten

Die Bitte um Unterstützung von Angesicht zu Angesicht ist die wohl erfolgreichste Methode, finanzielle Hilfe für die Gute Sache zu bekommen. Einschlägige Fachbücher und persönliche Erfahrungswerte bezeugen: Von vier gefragten Menschen wird einer spenden – also eine Erfolgsquote von 25 Prozent!

Es gibt nur drei positive Antworten

Das Schöne daran, Menschen im persönlichen Gespräch um Unterstützung zu bitten, ist: Es gibt nur drei positive Antworten, von denen Sie eine auf jeden Fall erhalten werden. Diese sind:

Ja – Nein – Vielleicht

Diese drei Antworten stehen dem Gefragten zur Auswahl. Die beste der drei ist natürlich ...???
Genau: Vielleicht.
Sie dachten, die Antwort „Ja" sei die beste? – Falsch gedacht! – Warum?

Stellen Sie sich folgende Situation vor: Sie überwinden Ihren Mut und bitten den wohlhabenden Bürger aus Ihrer Stadt vier Treffen und acht Monate später um eine Spende von 20 000 Euro. Dieser erwidert ihre Frage mit Ja, holt einen fast vollständig ausgefüllten Scheck aus der Tasche und schreibt 20 000 Euro in das einzige noch freie Feld, legt Ihnen den Scheck auf den Tisch, verabschiedet sich und geht.

Ist das ein Erfolg? Eigentlich ja, aber der Erfolg hätte eben auch größer sein können. Denn vielleicht wäre er auch bereit gewesen, ein anderes Projekt mit einer viel höheren Summe zu fördern. Wer weiß?

Der Fundraiser sollte es wissen! Sie sollten es wissen!

„Ja" ist eine gute Antwort, die uns zunächst einmal hilft. Der Spender ist dann allerdings nur oberflächlich in das Projekt involviert.

Stellen Sie sich nun vor, die Antwort wäre gewesen: „Lassen Sie mich darüber nachdenken!" – also vielleicht. Was nun beim Spender beginnt, ist ein Involvierungs-Prozess. Er beginnt, sich wirklich mit dem Projekt auseinanderzusetzen. Er überlegt, wie das Ganze vielleicht günstiger zu bewerkstelligen wäre. Er denkt nach, wen er in seinem Netzwerk nach fachlichem Rat fragen könnte, der zum Erfolg des Projektes beitragen könnte. Er beginnt, sich mit dem Projekt zu identifizieren, und wird nun noch viel wertvoller für die Gute Sache, als es vielleicht die 20 000 Euro sein könnten. Nach einer gewissen Zeit, die Sie aktiv ansprechen („Wann darf ich mich bei Ihnen melden?"), wird sich der potenzielle Spender ausreichend mit dem Projekt beschäftigt und seine Finanzen geprüft haben. Dann wird er den finanziellen Beitrag leisten, der in der aktuellen Situation für ihn maximal möglich ist.

„Nein" ist die dritte positive Antwort, und vielleicht fragen Sie sich nun, warum „Nein" eine positive Antwort sein soll. Ganz einfach: Für uns Fundraiser gibt es kein „Nein"! Antwortet ein potenzieller Spender auf die Bitte um Unterstützung mit „Nein", hat der Fragende – haben Sie – etwas falsch gemacht. Vielleicht wurde nie erkannt, dass der Spender gar kein Interesse an dem konkreten Projekt hat. Vielleicht interessiert ihn ein anderes Projekt viel mehr. Vielleicht wurde die philanthropische Haltung vom Fundraiser zu hoch eingeschätzt. Vielleicht ist der Spender heute mit dem falschen Bein aufgestanden? Vielleicht sind die Aktienkurse gerade gefallen. Vielleicht kann er erst in zwei Wochen eine solch große Summe dem Projekt beisteuern. Vielleicht ...

Sie sehen, es kann viele Gründe für ein „Nein" geben. Wir können viel vermuten, aber das Rezept gegen Vermutungen ist wieder einmal ganz einfach: fragen. Lautet die Antwort „Nein", liegt es an uns, dieses „Nein" zu hinterfragen. Denn es bedeutet letztendlich nur:

- Nein, nicht für dieses Projekt, aber für ein anderes
- Nein, nicht heute (weil ich mit dem linken Bein aufgestanden bin), aber übermorgen
- Nein, nicht in dieser Höhe (weil gerade ein neues Enkelkind das Licht der Welt erblickt hat), aber die Hälfte
- Nein, Ihnen gebe ich das Geld nicht, aber Ihrem Kollegen, dem vertraue ich ...

Wenn Sie die Antwort „Nein" erhalten, evaluieren Sie Ihre bisherige Beziehungsarbeit mit dem potenziellen Spender kritisch: Warum haben Sie das „Nein" erst im Spendengespräch zu hören bekommen?

Welche Antwort auch immer kommen möge, an eine der wichtigsten Regeln halten Sie sich bitte unbedingt: Sobald Sie die konkrete Frage nach Unterstützung gestellt haben, seien Sie ruhig! Sagen Sie nichts mehr, bis der Gefragte Ihnen eine klare Antwort gibt. Diese klare Antwort erkennen Sie an einem der eben gelernten drei positiven Antworten. Zur Wiederholung: Die Schlüsselwörter sind Ja, Nein, Vielleicht. Erst wenn eine dieser drei Aussagen vom Gefragten gesagt wurde, dürfen Sie wieder in das Gespräch einsteigen. Bis es soweit ist, können allerdings einige Sekunden oder sogar Minuten vergehen. Überlegen Sie sich schon vor dem Gespräch, wie Sie *Ihre* Schweigephase überwinden werden. Die Zeit, bis eine solch klare Antwort fällt, gehört für viele Fundraiser zu den aufregendsten Momenten in ihrer Aufgabe als Repräsentant der Guten Sache. Die Hände werden feucht, wir rutschen auf dem Stuhl hin und her, verhalten uns vielleicht so wie früher, als wir vor Aufregung fast platzten und dann doch keinen Blick auf das Christkind erhaschen konnten, sondern uns nur über die Geschenke freuen konnten, die es zurückließ ...

Vor lauter Aufregung kann es uns nach der gestellten Bitte um Unterstützung passieren, dass wir noch einmal von vorne beginnen. Wir wollen dann (noch einmal!) erklären, warum wir diese Spende brauchen. Wir wollen (noch einmal!) die besten Argumente für die Umsetzung des Projektes zusammenzufassen. Wir wollen (noch einmal!) dem Spender aufzeigen, warum gerade er der Auserwählte ist, der diesem Projekt zur Seite stehen sollte.

Alle diese Punkte sind bereits in Gesprächen zuvor erläutert und besprochen worden! Wenn Sie an dem Punkt angelangt sind, die Frage der Fragen zu stellen, dann ist alles Wichtige gesagt. Dann gibt es nur noch ein Ja, Nein oder Vielleicht. Achten Sie auf diese Schlüsselwörter, bevor Sie mit dem Gespräch fortfahren.

Ihre Reaktion auf die Antwort

Bei einem „Ja“ freuen und bedanken Sie sich aufrichtig (und im nächsten Jahr leisten Sie dann bessere Beziehungsarbeit, um gemeinsam mit dem Spender einen größeren Schritt zu wagen in Richtung Erreichung der Vision!).

Bei einem „Nein“ hinterfragen Sie es wie oben geschildert.

Bei einem „Vielleicht“ fragen Sie, ob Sie noch irgendetwas tun können, um dem potenziellen Spender die Entscheidung zu vereinfachen. Fragen Sie, ob er sich melden wird oder ob Sie sich nach einer bestimmten Zeit (abhängig auch vom Bedarf des Geldflusses für das Projekt, aber mindestens eine Woche!) melden dürfen.

Übrigens: Nehmen Sie immer Unterlagen in Papierform mit in ein Spendergespräch. Skizzieren Sie darin kurz das Projekt, den Bedarf und Ihre Vision – je nachdem, an welchem Punkt der Beziehung Sie sich befinden, also wie viel der Spender bereits über Sie und die Organisation weiß. Das Papier erhält der Spender am Ende des Gespräches, damit er sich intensiver auch nach Ihrem Besuch mit dem Projekt auseinandersetzen kann.

4.17 Danken

Schon als Kinder bekamen wir beigebracht, „Danke“ zu sagen, wenn wir etwas geschenkt bekommen. Eine Fundraising-Weisheit, die Studierende der Fundraising Akademie von Lothar Schulz lernen, ein Fundraiser aus Leidenschaft und seit rund 40 Jahren aktiv, lautet: „Danken Sie, bevor die Sonne untergeht!“

In der Theorie ist uns sehr bewusst, dass der Dank im Fundraising eine zentrale Funktion erfüllt. In der Praxis scheitern wir allerdings gerne mal daran. Doch Lothar Schulz sagt sogar: „Der Dank ist wichtiger als jede Spendenbitte.“ Fundraising-Experte Ken Burnett empfiehlt darüber hinaus, dass eine Spende sieben Mal bedankt werden sollte, damit die Botschaft auch wirklich beim Gebenden ankommt.

Als ich einmal über folgende Studie stolperte, war ich froh, auf einem Stuhl zu sitzen – damit ich nicht vor Schreck umfallen konnte: Über 140 Kirchengemeinden in Berlin-Brandenburg wurden gefragt, ob sie Spenden bedanken. Das schockierende Ergebnis: 70 Prozent der Gemeinden haben zum Befragungszeitpunkt keine Spenden bedankt!

Bedanken *Sie* jede Spende, und besser noch: Beginnen und beenden Sie die meisten Gespräche mit einem Dank?

Finden Sie über den normalen Dank hinaus auch Möglichkeiten, Ihre Spender zu überraschen, und sagen Sie gerne auch mal „Danke", wenn gerade keine aktuelle Überweisung auf dem Spendenkonto eingegangen ist.

Ordentlich „Danke" sagen

Dies sind die wichtigsten Elemente, die charakteristisch für einen ordentlichen Dank sind:

- persönliche Anrede
- Angabe/Bestätigung der eingegangenen Spendenhöhe
- zeitnah
- das wurde mit der Spende für dieses konkrete Projekt erreicht
- leserliche Unterschrift

In der Art und Weise, wie gedankt wird, sind unserer Kreativität kaum Grenzen gesetzt. Natürlich sollte der Dank angemessen sein: Für eine 50-Euro-Spende gibt es nicht unbedingt einen persönlichen Besuch, und bei einer 5 000-Euro-Spende lassen wir uns mehr einfallen als einen einfachen Brief. In meiner Fundraising-Praxis kommen folgende Dank-Möglichkeiten häufig zum Einsatz:

> **Anrufen:** die schnellste und eine kostengünstige Methode des Dankens – abgesehen von der Arbeitszeit. Der Telefonhörer liegt zum Greifen nahe, die Telefonnummer des Spenders kennen Sie oder finden diese im Telefonbuch. Ihre große Freude über die finanzielle oder sonstige Unterstützung können Sie so sehr schnell, direkt, persönlich und authentisch dem Gebenden überbringen.

> **Persönlicher Brief oder Notiz:** Nehmen Sie ein Blatt Papier, schreiben Sie sehr spontan auf, welche Gefühle Sie beim Anblick der Spende haben. Notieren Sie in kurzen Worten, was konkret mit dieser Hilfe nun gemacht werden kann. Gerne dürfen Sie diesen kurzen Text von Hand schreiben und statt dem offiziellen Briefpapier ein anderes Papier verwenden. Die Briefmarke kleben Sie persönlich auf den Umschlag, und so persönlich und individuell ist dann auch dieser Dank.

Eine weitere Fundraising-Regel besagt: Wer im Mailing um eine Spende bittet (in der Regel ein Entscheider, also Vorstand, Geschäftsführung), bedankt diese bitte auch! Je größer allerdings die Institution ist, für die Sie arbeiten, umso schwieriger wird die Umsetzung – wenn Sie beim Dank individuell bleiben wollen. Dann entscheiden Sie vielleicht lieber, dass der Dank von einer dritten

Person übernommen wird, die stellvertretend dankt: für die Spendenempfänger und die Person, die im Brief um die Spende gebeten hat. Und wenn sich das gesamte Team über die Spende freut, dann dürfen Sie auch das gerne dem Gebenden übermitteln.

Es viele Möglichkeiten, wie Sie danken können. Das wichtigste daran ist lediglich: bleiben Sie authentisch und individuell.

Übrigens: Unter Ihren Förderern gibt es einige, die für jede Spende einen Dank erwarten, und andere, die bereits beim ersten Dank zurückmelden: „Das wäre doch nicht nötig gewesen. Ist schon gut. Ich werde Ihnen auch weiterhin etwas schicken, aber bitte keine Dankbriefe oder Ähnliches mehr ..." Mein Tipp dazu: Der Spender ist König! In erster Linie kommt es auf seine Wünsche und Vorstellungen an! Aber auch jemand, der keine Dankbriefe wünscht, freut sich mal, wenn ihm gedankt wird.

4.18 Freuen Sie sich über Beschwerden

„Sie haben mir schon wieder so einen Bettelbrief geschickt" – „Das Programm am Tag der offenen Tür war unter aller Kanone" – „Ich habe immer noch keine Spendenbescheinigung erhalten" und so weiter ... Diese oder andere Beschwerden kommen Ihnen vielleicht bekannt vor. Aber wie gehen wir damit um? Klar, wir freuen uns darüber!

Warum wir uns freuen, wenn Menschen unsere Arbeit kritisieren und sich beschweren?

Menschen, denen die Arbeit der Organisation egal ist, beschweren sich nicht. Die lassen Sie lieber weiterhin in dem Denken, alles sei gut ... Wenn Spender sich beschweren, wollen sie Ihnen und der Organisation Gutes tun! Menschen, die ihre finanziellen Mittel für unsere Gute Sache einsetzen, gehören zu den besten Beratern unserer Arbeit. Darum bedanken wir uns also für Beschwerden und wandeln diese im Gespräch zu Anregungen um. Dazu ein Beispiel aus der Praxis:

Larry Bleich, Fundraiser in Phoenix/Arizona, telefonierte mit einer älteren Dame, die sehr aufgebracht war. Durch das Telefon schrie sie all ihre Wut über die Organisation heraus und wollte kaum zuhören. Auf Larry Bleichs Bitte, dass die beiden sich mal auf einen Kaffee treffen, reagierte sie sehr zurückhaltend: das würde nun auch nichts mehr ändern. Er bat inständig um ein Treffen, denn er wolle von der Dame lernen, was die Organisation besser machen könnte.

Das Treffen fand kurze Zeit später statt und verlief überraschend harmonisch. Zuvor hatte sich Larry Bleich über die Spenderin informiert: Sie gab ab und zu mal 50 Dollar und hatte bisher keinen direkten Kontakt mit einem Vertreter der Organisation. Bei Kaffee und Kuchen erzählte die Dame nun also viel über das öffentliche Auftreten ihrer (ehemaligen) Lieblingsorganisation – beziehungsweise sie erzählte davon, was sie in jüngster Zeit sehr daran störte.

Fundraiser Larry Bleich nahm die Rückmeldungen ernst – und mit zurück in die Organisation. Von Zeit zu Zeit berichtete er ihr, wo sie etwas ändern konnten – dank der Anregungen von der Dame – und welche Empfehlungen sie umsetzen konnten beziehungsweise welche nicht und warum. Ein erster Erfolg, der sich dank des Interesses von Larry Bleich an den Beschwerden der Dame einstellte: Sie blieb weiterhin eine Spenderin.

In der Folge hatte Bleich herausgefunden, dass die Dame anderen Organisationen viel größere Summen spendete als 50 Dollar. Somit lud er sie einmal zu einer exklusiven Veranstaltung der Organisation ein und stellte sie auch dem Vorstand vor. Diesem gegenüber sagte sie: „Hören Sie mal: Dieser junge Mann hier (mit Fingerzeig auf Larry Bleich, Anm. d. Autors) ist wunderbar! Sie haben einen tollen Mitarbeiter, der mich und meine Bedürfnisse sehr ernst genommen hat. Ich konnte ihm helfen, Ihre Organisation zu verbessern, habe dazu Rückmeldungen erhalten und weiß nun besser, warum Sie auch Dinge tun, die ich nicht gut finde. Jetzt darf ich hier mit Ihnen sein, das finde ich wunderbar."

Die Beziehung war also gerettet, und einige Tage später erhielt die Organisation sogar eine 10 000-Dollar-Spende von der Dame. Über die Jahre hinweg entwickelte sie sich dann zu einer „Eine-Million-Dollar-Spenderin", wie Larry Bleich sagt.

Diese Geschichte ist wirklich passiert. Vielleicht passieren solche Geschichten nur einmal in zehn Jahren, aber eine ähnliche Geschichte wird auch Ihnen passieren, wenn Sie die Beschwerden Ihrer Spender ernst nehmen. Wie schon gesagt: In jedem Spender steckt ein externer Organisationsberater. Seine Anregungen und den Blick von außen auf Ihre Arbeit erhalten Sie sogar kostenlos. Und der schöne Nebeneffekt: Die Beziehung wird dadurch noch weiter gefestigt und gestärkt.

4.19 Ehrenamtliche im Fundraising

Über 70 Prozent aller Bundesbürger ab 14 Jahren engagieren sich über ihren Beruf hinaus aktiv in einem Verein oder einer Organisation. Das fand das Bundesministerium für Familie, Senioren, Frauen und Jugend in ihrem Freiwilligensurvey 2009 heraus. Der Großteil davon in Sport- oder Musikvereinen, doch auch immer mehr Menschen nutzen ihre Fähigkeiten, um diese gewinnbringend für das Fundraising einer Organisation einzusetzen.

Wir schlussfolgern aus dem Ergebnis dieser Studie also: 70 Prozent unserer Förderer sind bereits über ihre finanzielle Hilfe hinaus für eine Organisation tätig. Warum aber sind wir diese Organisation nicht? Ein Grund, warum sich viele nicht für eine Sache engagieren, ist dem Freiwilligensurvey zufolge: „Weil mich noch niemand gefragt hat." Es liegt also an uns, aktiv auf unsere Spender zuzugehen und sie auch um Zeitspenden zu bitten.

Darum lohnt sich die Arbeit

Argumente, die für eine Zusammenarbeit mit Ehrenamtlichen im Fundraising sprechen, sind schnell gefunden:

- die Spendeneinnahmen erhöhen sich
- die Beziehungsabbruchkosten erhöhen sich
- Ehrenamtliche werden zu Multiplikatoren für die Gute Sache
- Ehrenamtliche sind Helfer, die auch bei anderen wichtigen Aufgaben mit anpacken
- strategischer Aufbau eines Expertenpools

Einen der genannten Aspekte betrachten wir uns etwas genauer: unter Beziehungsabbruchkosten verstehen wir „Kosten", die entstehen, wenn eine Beziehung abgebrochen wird. Diese Kosten erhöhen sich, je länger und intensiver eine Beziehung ist. Ziehen wir zum Vergleich noch einmal eine private Beziehung heran: Mann und Frau lernen sich kennen, verbringen Zeit miteinander, ziehen zusammen, teilen viele gemeinsame Erlebnisse, kaufen sich ein Auto, heiraten, bauen ein Haus, schaffen gemeinsam den Hausrat an. Je länger sie zusammen sind und sich auch gemeinsame Werte anschaffen – materiell und immateriell –, desto höher sind für beide die Kosten, die sie tragen würden, wenn sie die Beziehung abbrechen. Ähnlich verhält es sich bei der Beziehung zwischen einem Ehrenamtlichen und einer Organisation. Beim ersten Streit werden beide die Beziehung kaum abbrechen wollen, da zu viele – in erster Linie immaterielle – Werte im Laufe der Beziehung entstanden sind. Also keine Angst, wenn es mal knirscht zwischen einem Ehrenamtlichen und Ihrer Organisation.

Ehrenamtliche einbinden

Befolgen Sie die folgenden Schritte, um ehrenamtlich Aktive in Ihre Organisation und das Fundraising einzubinden. So wird diese Zusammenarbeit erfolgreich werden:

1) Fragen beantworten
2) projektbezogen arbeiten
3) detaillierte Informationen weitergeben
4) Aktionsmöglichkeiten skizzieren
5) Aufgabenprofil erstellen

1) Fragen beantworten

Zum Einstieg in die Zusammenarbeit mit Ehrenamtlichen und deren Einbindung ins Fundraising beantworten Sie die folgenden Fragen. Halten Sie Ihre Antworten schriftlich fest:

- Was gibt den Ehrenamtlichen Sinn und Freude im Rahmen der Mitarbeit?
- Warum wollen Sie überhaupt mit Ehrenamtlichen zusammenarbeiten?
- Was genau sollen Ehrenamtliche bei Ihnen tun?
- Wie viel Zeit sollen Ehrenamtliche spenden?
- Welche Fähigkeiten und Fertigkeiten sollen sie mitbringen?
- Was können Sie den Ehrenamtlichen bieten?

2) Projektbezogen arbeiten

Wenn Ehrenamtliche Sie im Fundraising unterstützen, empfiehlt es sich, projektbezogen zu arbeiten. Zeigen Sie ganz konkrete Projekte auf, für die sie sich einbringen können, und geben Sie Ziele vor. Nehmen wir das folgende Beispiel: Im Kinderdorf in Peru muss eine Waschmaschine gekauft werden – das ist das Projekt. Nun konkret: das Kinderdorf liegt auf einer Höhe, in der es schnell kalt und feucht werden kann. Dort leben auch 15 Kleinkinder, die besonders viel Wäsche benötigen. Diese ist von Hand kaum zu bewältigen, weiterhin trocknet sie schlecht. Bis zur nächsten Regenzeit muss also eine Waschmaschine inklusive Trockner gekauft werden und kostet knapp 2 000 Euro. Verschiedene Angebote wurden bereits eingeholt, dabei hat sich herauskristallisiert, dass ein multifunktionales Gerät, Waschen und Trocknen in einem, die beste Option ist.

3) Detaillierte Informationen weitergeben

Zu dem ausgewählten Projekt werden alle wichtigen Informationen an die Ehrenamtlichen gegeben. Sie sind auch besonders dankbar über konkrete Preisbeispiele, denn das sind ebenfalls wichtige, detaillierte Informationen. Hier nehmen wir als Beispiel einen zu renovierenden Jugendraum: das Gesamtbudget beläuft sich auf 12 000 Euro. Damit lässt sich allerdings schlecht bildhaft über das Projekt sprechen. Das Gesamtbudget teilt sich aber auf: Es werden 1 000 Euro für den neuen gestreiften Teppich benötigt; die Wände werden gelb gestrichen, das kostet 1.500 Euro; für eine gemütliche Sitzecke werden etwa 1 000 Euro gebraucht, und so weiter. Entsteht vor Ihren Augen auch gerade der Raum?

Erarbeiten Sie die schon kennengelernte Shopping-List – eine „Einkaufsliste" –, die Preise für einzelne Kostenpunkte aufzeigt. Unterm Strich stellt sie den gesamten Bedarf des förderungswürdigen Projektes dar. Die Shopping-List eröffnet die Möglichkeit, konkret über einzelne Kostenpunkte zu sprechen. Vielleicht findet sich sogar für das eine oder andere Teilprojekt ein Pate, der es komplett finanziert.

4) Aktionsmöglichkeiten skizzieren

Menschen, die sich für Ihre Gute Sache ehrenamtlich im Fundraising engagieren, sind dankbar für konkrete Aktionsmöglichkeiten. Was genau können sie tun, um für das Projekt Spenden zu sammeln und aktiv im Fundraising zu werden? Sollen sie mit der Spendendose sammeln gehen, ihr Netzwerk nutzen für fachlichen Rat oder eine Informationsveranstaltung organisieren?

5) Aufgabenprofil erstellen

Um Menschen für ein Ehrenamt zu gewinnen, wird ein konkretes Aufgabenprofil erarbeitet. Um auf den Punkt zu kommen, empfiehlt die Akademie für Ehrenamtlichkeit in Berlin, eine Stellenanzeige der konkreten Aufgabe zu entwerfen. Ganz wichtig dabei ist natürlich, das Wörtchen „ehrenamtlich" vor die Beschreibung der Stelle zu setzen. Ansonsten laufen Sie Gefahr, Bewerbungen zu erhalten von Menschen, die eine bezahlte Tätigkeit suchen.

Ein entscheidender Erfolgsfaktor für die Suche per Stellenanzeige ist der Name der konkreten Aufgabe: Lassen Sie auch hier Ihrer Phantasie freien Lauf und werden Sie kreativ! Suchen Sie nach einem Kindergarten-Zaun-Bauer, Kirchturm-Anstreicher, Jugendraum-Renovierer oder Kindersprachen-Übersetzer.

Nun überlegen Sie, wo Sie die Stellenanzeige veröffentlichen können: vielleicht in der nächsten Vereinszeitschrift oder sogar in der Lokalzeitung?

Viel Erfolg bei der Suche und Zusammenarbeit mit Ehrenamtlichen!

5. Zum Schluss

Was du auch tust, handle klug und denke an das Ende.

– Lateinisches Sprichwort –

5.1 Rückblickende Evaluation

Was Sie auch tun, mit wem Sie auch sprechen, welchen Brief Sie auch schreiben, welche Veranstaltung Sie durchführen oder an welcher Sie auch teilnehmen, blicken Sie darauf zurück und beurteilen Sie! Inwieweit hat das Gespräch oder der Brief Ihnen auf dem Weg zur Erreichung des Organisationsziels geholfen? Was ist gut gelaufen, was hätte besser laufen können? Blicken Sie zurück und machen Sie eine Evaluation – auch wenn sie nur kurz und knapp ist.

Fassen Sie die Ergebnisse in kurzen Fazits zusammen, die später helfen werden, Entscheidungen zu treffen. Besonders in den ersten Jahren nach Einführung des Fundraisings oder eines neuen Fundraising-Instrumentes müssen viele Entscheidungen aus dem Bauch heraus getroffen werden. Je größer Ihr Erfahrungsschatz wird, desto einfacher und gehaltvoller werden die Entscheidungen ausfallen.

Je öfter Sie sich ganz bewusst kurz Zeit nehmen, zurückzuschauen auf das Durchgeführte, und sich einige Notizen dazu machen, desto höher ist Ihr Lernerfolg.

Das wissen übrigens auch die Studierenden der Fundraising Akademie: ein elementarer Baustein im Studium ist das so genannte Logbuch. In diesem notieren die lernenden Fundraiserinnen und Fundraiser, welche Fundraising-Aktionen sie in ihrem Arbeitsalltag durchführen, und beurteilen sie dann, etwa: Wie ist die Kampagne gelaufen, welche Reaktionen hat der Brief ausgelöst, wie kommt der neue Flyer an? Eine entscheidende Frage dabei ist immer: *Was* kann in Zukunft *wie* besser laufen.

Bei der Neueinstellung eines Fundraisers liegt ein Augenmerk auf der praktischen Erfahrung und der daraus resultierenden Lernerfolge. Denn nur wer ganz bewusst zurückblickt und lernt, kann sich laufend verbessern und die uns anvertrauten Gelder noch besser investieren.

David Lansdowne, US-amerikanischer Fundraiser und Autor, empfiehlt für eine kurze Evaluation folgende Betrachtungsweisen:

- Ausgaben: Wo wurde das Geld gut eingesetzt, wo wurde es schlecht eingesetzt?
- Materialien: Welche Kampagnen-Materialien waren nützlich, welche waren überflüssig?
- Meetings: Gab es zu viele oder zu wenig, und welche Art von Meetings waren die produktivsten?
- Spendenbitten: Welche sind am besten gelaufen? Im Team, alleine, von Ehrenamtlichen oder Mitarbeitern?
- Zukünftige Führungskräfte: Welche Mitarbeiter haben sich besonders hervorgehoben und könnten in der Zukunft andere, verantwortungsvollere Aufgaben innerhalb der Organisation übernehmen?

Wenn Ihre Kampagne schlecht gelaufen ist oder die gesteckten Ziele verfehlt wurden, betrachten Sie nach David Lansdowne noch die folgenden Aspekte:

- Zeitmanagement: War Ihre Kampagne zeitlich schlecht abgestimmt? War zum Beispiel eine andere Organisation früher dran als Ihre Organisation?

- Zugehörigkeitsgefühl: War der Führungsriege die Wichtigkeit der Kampagne bewusst?
- Potenzielle Spender: Gab es ausreichend potenzielle Spender, die bereits eine Verbindung zur Organisation hatten und die außerdem ausreichend Geld zur Verfügung haben, um zu spenden?
- Interne Spenden: Hat die gesamte Führungsriege großzügig für das Projekt gespendet?
- Realistisches Ziel: War Ihr Ziel realistisch gesteckt? War es begründet auf den Spendeneinnahmen, die innerhalb der eigenen Organisation gesammelt wurden?
- Öffentlichkeit: Haben Sie – anstelle von persönlichen Besuchen – darauf vertraut, durch Öffentlichkeitsarbeit Unterstützer zu finden?
- Führung: Hatte die Kampagne eine gute Führung, die auf Terminvereinbarungen geachtet hat?

Es ist also bei einer Evaluation wichtig, das Erfolgreiche herauszustellen ebenso wie die Misserfolge und die daraus resultierenden Lernerfolge. Es gibt Hilfsmittel, die uns dabei unterstützen, weniger Misserfolg zu haben. Dazu können auch Fundraising-Agenturen und -Berater gehören, von denen Sie gegen Bezahlung profitieren können. Diese Dienstleister haben oftmals viel Erfahrung, verfügen über ein breites Netzwerk und kennen sich im Fundraising-Markt aus. Aber auch im Internet gibt es Möglichkeiten, sich über gute Kampagnen zu informieren oder von schlechten Beispielen zu lernen. Eine dieser Möglichkeiten möchte ich Ihnen im nächsten, dem vorletzten Kapitel dieses Buches, kurz vorstellen.

5.2 Müll vermeiden, Ideen produzieren

Betriebsgeheimnisse werden streng vertraulich behandelt und sind gut bewacht; darüber zu reden ist verboten. Diese Einstellungen finden sich leider auch in der Fundraising-Szene sehr oft wieder. Dabei könnten wir viel Geld besser investieren, wenn wir einiges vermeiden oder anders machen würden.

Von Fehlern lernen – oder Erfolge verbessern. Beide Ansätze haben etwas sehr Gutes für sich. Richten wir unseren Fokus zunächst auf das Lernen von Fehlern. Dazu ein Beispiel aus der Praxis:

Eine große, internationale Organisation macht einmal im Jahr eine interne Fortbildung, bei der sich die Fundraising-Leiter der einzelnen Länder an ausgefallenen Orten zum Austausch treffen. Die folgende Fortbildung fand auf einem Schiff statt: Der eingeladene Fundraising-Berater bat die Gruppe am Morgen, ihren größten Fehler, ihr persönlich größtes Missgeschick zu präsentieren. Eine umgedrehte Bierkiste diente als Podest, der erste Freiwillige war irgendwann gefunden: „Wir verschickten ein Mailing in großer Auflage. Ein paar Tage später bekam ich Post. Anstelle von einem Brief bekam ich aber einen ganzen Sack voller Briefe! Am nächsten Tag kamen die nächsten Säcke! Ich dachte erst, welch ein Riesenerfolg ... Doch dann stellte ich fest, dass bei der Kuvertierung ein Fehler unterlaufen war. Dem Mailing hätte unter anderem ein Rückantwort-Kuvert beiliegen sollen. Auf diesem war unsere Adresse vorgedruckt, damit die Empfänger uns eine Einzugsermächtigung hätten erteilen können. Leider wurde das Mailing in das Rückantwort-Kuvert gesteckt – so schickten wir uns unseren eigenen Brief viele tausend Mal selber zu ...“

Von diesen Geschichten gab es an dem Vormittag einige. Die meisten von ihnen trieben den anwesenden Fundraisern Tränen in die Augen – auch vor Freude und Lachen!

Fehler offen zuzugeben, darüber zu sprechen und sich auszutauschen, ist schwieriger, als über Erfolge zu reden. Das Erzählen von Fehlern kann aber sehr erheiternd sein, und vor allem lernen wir dadurch viel – und nachhaltig! Wird Ihnen die Geschichte mit dem falsch eingetüteten Spendenbrief auch in Erinnerung bleiben?

Indem wir durch Fehler anderer lernen und uns dafür sensibilisieren, werden wir weniger Fehler machen – oder erfolgreicher das uns anvertraute Geld einsetzen, um die Projekte zu realisieren und neue Unterstützer dafür zu gewinnen.

Trauen Sie sich! Teilen Sie Erfolge *und* Misserfolge! Damit helfen Sie anderen, diese Fehler zu vermeiden, Geld zu sparen und vor allem die Nerven zu schonen.

Eine Austauschmöglichkeit für Fundraising-Tops und -Flops ist SOFII (Abkürzung von *The Showcase of Fundraising Innovation and Inspiration*). Diese Internet-Plattform wurde von dem internationalen Fundraising-Experten Ken Burnett ins Leben gerufen und wird nun auch durch viele Ehrenamtliche weltweit mitgetragen. Unter www.sofii.org gibt es verschiedenste Kategorien, in denen erfolgreiche und missglückte Kampagnen vorgestellt werden. Die Plattform ist auf die Offenheit von uns allen angewiesen, die wir SOFII in unserer alltäglichen Arbeit nutzen. Sie funktioniert nur dann, wenn wir zum Beispiel gute Spendenbriefe offen legen und beschreiben, wie und warum sie erfolgreich waren; darlegen, was bei einer Aktion gut geklappt hat und was hätte besser sein können. Vielleicht haben wir auch schon mal einen besonders schönen Dankbrief getextet, den wir dann auf SOFII einstellen, um den Fundraising-Kollegen weltweit zur Inspiration zu verhelfen. Denn das ist ein Kernelement dieser www-Plattform: Wenn uns die zündende Idee für den Brief fehlt, wir unsere Veranstaltungen erfolgreicher machen wollen oder einfach eine neue Möglichkeit suchen, Spenden für unsere Gute Sache zu bekommen, dann finden wir Inspirationen und Ideen auf www.sofii.org.

Eine „gute Idee" hat nach Ken Burnett übrigens folgende Charakteristiken:

- sie hört sich gut an und „sieht gut aus"
- sie ist risikofrei
- sie ist günstig
- sie hat schon einmal funktioniert/wird funktionieren
- sie wird Dinge verändern
- sie ist leicht „auf den Punkt zu bringen"

Und außerdem:

- darf eine gute Idee gebraucht sein und
- kann und sollte wiederverwertet werden – denn das schont den Mülleimer!

Schonen Sie also Ihren Mülleimer und vermeiden Sie Fundraising-Aktionen, die nur schwer oder kaum funktionieren werden. Nutzen Sie auch FundraiserInnen-Netzwerke und Fortbildungen, um mit anderen in Kontakt zu treten und sich auszutauschen.

Ich besuche liebend gerne immer wieder Seminare, auch über mir schon bekannte Themen. Mir dienen Fortbildungen auch für meine eigene Motivation und um auf neue Gedanken zu kommen. Der Kontakt mit vielen anderen Kollegen aus den verschiedensten Organisationen ist dabei auch immer ein wichtiger Aspekt.

5.3 Verantwortung übernehmen…

…auch über das eigene Leben hinaus!

Haben Sie schon Ihr Testament geschrieben? Als Fundraiser in einer Organisation, die sich seit 1954 für notleidende Kinder in Lateinamerika einsetzt, habe ich im Alter von 27 Jahren mein Testament geschrieben. Ich wollte am eigenen Leib spüren, wie es ist, sich mit dem „Danach" auseinanderzusetzen. Wie soll meine Beerdigung aussehen, wo möchte ich beerdigt werden? Was wäre, wenn ich plötzlich sterbe? Meine Geschwister und Eltern würden erben; meine Lebenspartnerin oder „meine" Kinder in Lateinamerika würden allerdings keinen Cent bekommen.

Das zu ändern ist für uns Bundesbürger allerdings relativ einfach machbar: Man nehme Zettel und Stift, schreibe „Mein letzter Wille" darauf und alles, was dazugehört. Wichtig dabei: Alles muss mit der eigenen Hand geschrieben sein, Ort, Datum und Unterschrift drunter – fertig.

Immer noch erhält unser Staatshaushalt jedes Jahr Milliarden nur deswegen, weil viele, die sterben – vielleicht kinderlos und allein lebend – kein Testament geschrieben hatten. Und damit geht das Vermögen an den Staat. Die Projekte unseres Staates in allen Ehren, aber wir haben mindestens genauso wichtige Projekte für eine bessere Welt wie die Politiker!

Darum informieren wir auch unseren Unterstützerkreis aktiv darüber, wenn die Organisation ein Vermächtnis erhalten hat und was mit dem Geld gemacht werden konnte. Denn das wird sicherlich andere ermutigen, ihr Testament zu schreiben, und anregen, ebenfalls einen Teil an die Organisation ihres Vertrauens zu vererben.

Das Thema Erbe ist ein weiteres Thema, über das in Deutschland ungern gesprochen wird. Für viele Menschen ist es eben doch in erster Linie die Auseinandersetzung mit dem Tod. Für sie kommt die Beschäftigung mit dem Testament vielleicht einer Beschreibung des Endes gleich – Schwarz auf Weiß.

Doch beim Testament geht es um viel mehr als *das* – es geht um das *Danach*! Ein Testament zu schreiben, heißt, wirklich Verantwortung für sein Leben zu übernehmen. Wir alle sollten meiner Ansicht nach unbedingt die Verantwortung auch für die Tage übernehmen, nachdem wir von dieser Welt gegangen sind. Tun wir dies nur unzureichend, hinterlassen wir den Angehörigen schwierige und manchmal nur im Streit lösbare Fragen.

Übernehmen wir also Verantwortung, schreiben unser Testament und teilen diese Geschichte mit dem Unterstützerkreis. Andere werden dies auch tun und zeigen, dass sie wirkliche Freunde für die Gute Sache sind – für das Leben!

6. Anhang

6.1 Stichwortverzeichnis

6.2 Literatur & Tipps

Nach der Lektüre dieses Buches haben Sie hoffentlich weiterhin Interesse am Fundraising. Daher empfehle ich Ihnen an dieser Stelle einige Bücher, Studien und Seiten im Internet. Einige davon sind englische Fachbücher, die ich Ihnen dennoch ans Herz legen kann.

Viele dieser Empfehlungen haben auch ganz direkt zum Entstehen dieses Buches beigetragen oder mich einfach begeistert und inspiriert – dafür danke ich den Experten und Autoren ganz herzlich.

Fundraising allgemein

- Fundraising Akademie (Hrsg.): Fundraising. Handbuch für Grundlagen, Strategien und Instrumente, Gabler Verlag, 2009
- Jens Watenphul, Irina Vöge, Thomas Kreuzer (Hrsg.): Fundraising: 46 Experten erläutern Kampagnen, Events, Sponsoring u.v.m., Fink-Verlag, 2005
- Ken Burnett: The Zen of Fundraising: 89 Timeless Ideas to Strengthen and Develop Your Donor Relationships, Wiley & Sons, 2006 (englisch)
- Marita Haibach: Handbuch Fundraising. Spenden, Sponsoring, Stiftungen in der Praxis, Campus Verlag, 2006
- Michael Urselmann: Fundraising. Erfolgreiche Strategien führender Nonprofit-Organisationen, Verlag Paul Haupt, 1999
- Fundraiser-Magazin – Das Branchenmagazin für Spendenmarketing, Stiftungen und Sponsoring, www.fundraiser-magazin.de

- Fundraising-Wiki: Online Fundraising-Lexikon, www.fundraising-wiki.de
- SOFII – The Showcase of Fundraising Innovation and Inspiration: Online Datenbank für Fundraising-Kampagnen u.v.m., www.sofii.org (englisch)

Ehrenamtliche und Fundraising

- Akademie für Ehrenamtlichkeit: Fortbildung Freiwilligen Management, Berlin, www.ehrenamt.de
- Bundesministerium für Familie, Senioren, Frauen und Jugend: Freiwilligensurvey 2009, 2010, www.bmfsfj.de
- Jan Uekermann: Ehrenamtliche in der Fundraising-Praxis, Workshop-/Seminarunterlagen, 2010

Vorstände im Fundraising

- Gail Perry: Fired-up-Fundraising, Hoboken/N.J., 2007, AFP fund development series (englisch)
- Ken Burnett: Tiny essentials of an effective volunteer board, White Lion Press, 2006 (englisch)

Geldauflagen-Marketing

- Informationen im Internet z.B. unter www.geldauflagen-marketing.de
- Einige Dienstleister haben sich in diesem Feld spezialisiert, beachten Sie hierzu den Punkt Dienstleister im Fundraising.

Großspenden-Fundraising

- Barbara Ann Murray: How I Raised a Million in a Month, Cottonwood Press, 2005 (englisch)
- David Lansdowne: Fund Raising Realities Every Board Member Must Face – A 1-Hour Crash Course on Raising Major Gifts for Nonprofit Organizations, Emerson & Church, 2007 (englisch)
- Jan Uekermann: Großspenden-Fundraising in den USA, Abschlussbericht Stipendium des Alumnivereins der Fundraising Akademie, 2008, www.fundraising-aktiv.de/publikationen
- Neil Sloggie: Tiny Essentials of Major Gift Fundraising, White Lion Press, 2005 (englisch)
- Suzanne Irwin-Wells: Planning & Implementing your major gifts campaign, The Jossey-Bass nonprofit and public management series, San Francisco 2001 (englisch)

Geschichten erzählen / Storytelling

- Das Abenteuer Leben, Podcasts zum anhören im Internet unter www.dasabenteuerleben.de, Kanal Geschichten
- Werner T. Fuchs: Warum das Gehirn Geschichten liebt, Haufe-Lexware, 2009

Dienstleister im Fundraising

- Kontaktdaten vieler Dienstleister im Fundraising finden Sie u. a. im Fundraiser-Magazin (www.fundraiser-magazin.de) und auf der Homepage des Deutschen Fundraising Verbandes, www.fundraisingverband.de

Anderes mehr

- Gutes Schreiben: Wolf Schneider: Deutsch fürs Leben, Rowohlt Taschenbuch Verlag, 1994
- Feedbackregeln: z.B. im Internet unter www.berufsstrategie.de/bewerbung-karriere-soft-skills/feedback-feedbackregeln.php
- Brainstorming-Regeln: eine gute Beschreibung der Regeln finden Sie im Internet bei Wikipedia unter http://de.wikipedia.org/wiki/Brainstorming
- Transparenzpreis: PricewaterhouseCoopers, www.pwc.de, unter „Wir über uns": Engagement
- Deutscher Fundraising Verband, Berufsverband, Berlin, www.fundraisingverband.de
- Sieben-Phasen-Modell: Wolfgang Kröbers Institut für angewandte Kommunikation, www.ifak.de

6.3 Zum Autor

Jan Uekermann lebt und arbeitet in Karlsruhe. 1981 in Braunschweig geboren im Sternzeichen Stier, wuchs er in der Kurstadt Bad Salzuflen in Ostwestfalen-Lippe auf. Von Kindertagen an hatte er große Freude daran, anderen Menschen eine Freude zu bereiten: zunächst als Blockflöten-Spieler, dann als Jongleur, später als Schlagzeuger, Percussionist und Sänger. Sein erstes „Unternehmen" eröffnete Jan Uekermann im Alter von 12 Jahren: „Ich hole Ihr Altglas gegen Spende ab" – die ersten Spenden, die er in seinem Leben sammelte, dienten allerdings der Aufbesserung des Taschengeldes.

Zum Fundraising gelangte Jan Uekermann über den „Anderen Dienst im Ausland" (Ersatz-Zivildienst). Diesen absolvierte er 2001 im Kinderdorf der Organisation „Unsere kleinen Brüder und Schwestern" e. V. in Guatemala. Anschließend wollte er einen Weg als Journalist einschlagen – wichtige Wegbereiter ermutigten ihn jedoch zum Schreiben über Hilfsprojekte und zur Ausbildung zum Fundraiser beim genannten Kinderhilfswerk sowie an der Fundraising Akademie. 2004 beendete der damals 23-Jährige die Ausbildung zum Fundraiser (FA) als bislang jüngster Absolvent und arbeitete weiterhin für „seine" Kinder in Lateinamerika. Seit 2006 gehört Jan Uekermann zur Leitung Fundraising bei „Unsere kleinen Brüder und Schwestern" e.V.

Mit dem Fundraising hat Jan Uekermann seine Berufung gefunden. Er machte seinen Beruf auch zum Hobby – neben der aktiven Arbeit als Fundraiser hält er Vorträge und gibt Workshops, betätigt sich als Autor und Motivator. Viele Teilnehmerinnen und Teilnehmer seiner Vorträge und Seminare sind begeistert von Jan Uekermanns Begeisterung fürs Fundraising und lassen sich durch ihn anstecken. Sie alle wissen: Fundraising ist wichtig und macht Spaß!